中國學術思想 研究輯刊

十三編

林慶彰 主編

第23冊

牟宗三疏解儒家人性論之探討

孫效智 著

花木蘭文化出版社

國家圖書館出版品預行編目資料

牟宗三疏解儒家人性論之探討／孫效智 著 — 初版 — 新北市：
花木蘭文化出版社，2012〔民 101〕
目 4+178 面：19×26 公分
（中國學術思想研究輯刊 十三編：第 23 冊）
ISBN：978-986-254-806-6（精裝）
1. 牟宗三　2. 學術思想　3. 人性論
030.8　　　　　　　　　　　　　　　　　　101002173

ISBN-978-986-254-806-6

9 789862 548066

中國學術思想研究輯刊
十三編　第二三冊　　　　　　　　　ISBN：978-986-254-806-6

牟宗三疏解儒家人性論之探討

作　　者　孫效智
主　　編　林慶彰
總 編 輯　杜潔祥
出　　版　花木蘭文化出版社
發 行 所　花木蘭文化出版社
發 行 人　高小娟
聯絡地址　新北市永和區中正路五九五號七樓
　　　　　電話：02-2923-1455／傳眞：02-2923-1452
網　　址　http://www.huamulan.tw 信箱 sut81518@gmail.com
印　　刷　普羅文化出版廣告事業
封面設計　劉開工作室
初　　版　2012 年 3 月
定　　價　十三編 26 冊（精裝）新台幣 42,000 元

牟宗三疏解儒家人性論之探討

孫效智　著

作者簡介

孫效智教授，1994 年獲德國慕尼黑哲學院哲學博士。畢業返台後擔任臺灣大學哲學系教授，以倫理學為研究教學核心。其代表作有:《當宗教與道德相遇》（1999）、《宗教、道德與幸福的弔詭》（2002）；論文著作刊載於《國立臺灣大學哲學論評》、《國立臺灣大學文史哲學報》、《政治與社會哲學評論》等期刊。1997 年底前臺灣省教育廳開始倡導生命教育，孫教授便受邀擔任指導工作，從此積極投入生命教育推動工作。2004 年成立「社團法人台灣生命教育學會」，與多位學者專家一起致力於生命教育之學術研究與教育推展。2008 年九月起，受臺大李校長嗣涔委託，成立「臺灣大學生命教育研發育成中心」並擔任主任一職迄今。

提　　要

　　人究竟是什麼？人生，就整個宇宙而言，不過是一段小小的過程，人卻執著許許多多。人為何執著？既然一切終將過往，人到底在乎什麼？又何必在乎什麼？人的執著似乎透露出：人渴望突破時空，進入永恆；超越有限，邁向無限。筆者選擇人性論作為探討主題，最深的理由，便是基於一份對人的關懷，尤其是對於具體生活中，人的存在遭遇及其終極問題的關懷；而以牟宗三先生作為探討的對象，則是因為他所疏解之儒家人性論融和了歷代儒者思想及其個人之哲學慧見，體系恢宏而成一家之言，可說是相當具有代表性的新儒家論述。

　　本書探討牟先生對儒家人性論之疏解，焦點是放在牟先生的疏解上，而不是放在傳統儒家之種種說法上，旨在反省牟先生對儒家思想之理解及其中透露出的人性觀點。本書各章對人性之探討，以「自他之間」為樞紐而進行。所謂「自」是指主體；「他」則指主體以外者。在本書的脈絡中，「他」可以指客觀存有，可以指另一主體，也可以指超越的最高實存者。以第二章論人性根源之自立與他立來說，是探討主體與最高實存者之間的根源關係。第三章論及道德性之自律與他律，則是就道德之主體因素與客觀因素（亦兼及最高實存者）之間的張力進行探討。第四章工夫論中所談之自力、他力，亦是就主體與另一主體或超越者之間，在實踐過程中所可能有的相互合作抑或各自為力加以反省。第五章討論終極境界，更是探討自他之間，終極地為一或為二之課題。

目

次

緒　論

一、研究目的

偶然在一張卡片〔註1〕上看到一段話，上面寫著：

　　　*　　　*　　　*　　　*

什麼是福？

滿街的燈紅酒綠，

可曾安慰了失落的心靈？

叫囂議堂國會，

可曾激起天地間浩然正氣？

當你我置身在寵辱利害之下，

能帶給誰幸福？

唯有回歸好生之天命，

我們才能躍過僵冷的制度及愚味的表相，悲憫這一場悲喜劇，

我們才有勇氣扛起傳統的袸袟，

靜觀天地人三合的兆頭，開創新局。

我們才能透視諸般偶像，化入天心，

爲那與天地虛空等量的人性作見証。

〔註1〕天主教無名會1988年4月份「愛德運動加油卡」。

　　不是爲你，也不是爲我，

　　爲了當前心靈的大荒年，

　　我們必須活得清醒，怡悦而淡泊，

　　沉思天賦於人的無限内涵及潛能，

　　爲人類開發這一畦福田。

　　　　＊　　　　＊　　　　＊　　　　＊

這一段話所透露的許多思想，一直在我心中默存。人，是何其莊嚴偉大。雖有可能墮落於燈紅酒綠、寵辱利害之中，然而俗世的一切，並不眞能泯滅人的尊嚴，更罔言滿足那與天地等量的人性內涵。但在另一方面，這確實是個心靈的荒年，人們在失落當中亦不知回頭省視自己。恣情於外在的追逐，而忘記了人性深處即是一畦福田。

　　人究竟是什麼？人生，就整個宇宙而言，只不過一段小小的過程。他卻執著許許多多。這許許多多有的只是身外的得失，有的卻具有更大的價值。但不論如何，人爲何執著？既然一切終將過往，人到底在乎什麼？人又何必在乎什麼？人的執著似乎透露出：人渴望突破時空，進入永恆；超越有限，邁向無限。

　　選擇人性論作爲探討主題，最深的理由，便是基於一份對人的關懷。尤其是對於具體生活中，人的存在遭遇及其終極問題的關懷。以牟宗三先生作爲探討的具體對象是因爲他所疏解之儒家人性論，其中融和了歷代儒者思想及其個人之哲學慧見，體系恢宏而成一家之言。在並世新儒家學者當中，牟先生可說具有相當之代表性。

　　另一方面，牟先生一生治學，並不僅是爲做學問而做學問。他的作品中處處流露出對於人，對於家國的關懷。這一點亦是吾人重視他之思想體系的一個內在因素。牟先生的憂患意識及文化使命感很強。身爲一個中國人，歷經百年來中國民族的苦難，他指出知識份子應有宏情大願，爲天地立心，爲生民立命。否則，不僅我們的民族意識將拔根落空，整個中華民族，亦將如花果飄零。〔註2〕爲此，牟先生本人窮一生學力，便是希望以一己孤峭乏潤澤之生命，「一往偏傾，求其生命於抽象之域，指出時代癥結之所在，凸出一思想系統以再造。甘願〔讓自己〕在觀念中受痛苦，讓他們下一代在具體中過

〔註2〕牟宗三，〈文化意識宇宙〉（上）（台北：聯合報副刊，西元 1988 年 4 月 11 日）。

生活」。〔註3〕牟先生就是在這樣一種關懷生命而憂國憂民的情懷中，盡其文化薪傳之擔當。這種擔當的氣度與其思想之恢宏，令後生如我者，不禁對之起深深敬畏之繫念。這是我所以寫牟先生的初衷。

本著這樣的初衷，希望能透過一番探討及反省，將牟先生疏解儒家人性論之義理系統勾勒出來。牟先生的著作等身，卷帙浩繁，本文不敢言徹盡其思想全體之精華。但願能如他所說：「轉動自己之生命」，以期能客觀而內部地理解其系統血脈，而能由其文義而入意義之境。

二、研究方法

本文研究牟先生對儒家人性論之疏解。研究方法可以分四方面說明：

（一）為能更深入牟先生的思想體系，而能從內部掌握他的特殊風格與本質，本文在收集各相關資料時，特別留心牟先生的學思歷程與一般人生經驗。這一點有些近乎心理學的途徑。我認為這一途徑是相當重要的。因為它使我們從一個生硬的理論大廈中，看到背後鮮活的一顆心，而碰觸到一個有思想、有感情，亦有著與我們一樣平實而豐富人生的人。這種碰觸的透視，幫助我們設身處地的認識他這個人，並從而能較客觀的了解他的思想。

舉例而言，在牟先生的思想中，常可見到對主體與自力之強調。為他而言，主體本身具有無限的潛能，故依憑自力便「足夠」登至聖境。這樣的思想對與牟先生有不同思想背景的人來說，很可能因無法完全接受，而嗤之為一種主體膨脹論，並由此而對他的思想體系不屑一顧或無法欣賞。然而，若我們了解他自幼有一個蒼茫而乏潤澤的家庭生活，在這樣的生活中，得自父母的嬌愛很少，而培養了獨立的性格。成年後，目睹國家民族的苦難，加上西方文明之霸道與本土文化之凋零。這一切都在在影響了他形成自己的思想內容與理想抱負。我們若對這些心路歷程有深入的了解，再回頭來看他對主體的重視，也許就不會那麼不相契合，而更能聽到他心中的聲音了。〔註4〕

當然，肯定「一個思想家的人生經歷在形成其思想視域（horizon）時具有一定之作用」，亦不必忽略他的思想體系本身之真偽。以前段所說的牟先生

〔註3〕牟宗三，《生命的學問》（台北：三民書局，西元 1978 年），頁 7。
〔註4〕牟先生的少年家庭生活，可見於《生命的學問》一書中「懷鄉」一文。牟先生的學思歷程，見於《牟宗三先生的哲學與著作》一書中，蔡仁厚執筆之「牟先生的學思歷程與著作」一文。

之強調主體而言，其主體是否過度膨脹，吾人自應在其思想義理上辨明之，而不必一定牽涉到提出此思想的主體。以本文來說，對於牟先生思想義理之探討，毋寧更是主要的內容；而對於他一些經歷的認識，則是隱含於本文探討之背景脈絡中。

（二）在牟先生對於儒家思想之疏解中，相關於基督信仰所提出之批判，本文基本上不採用。一方面由於牟先生本人極不契於基督信仰，而無法對之有積極的了解。〔註5〕另一方面亦因他對基督信仰的成見源自許多方面，故並非單純哲學內部的事。〔註6〕準此，為了避免陷入更多的爭端、曲折，並為了

〔註5〕 牟先生不契於基督信仰，由來已久。他雖聲稱自己並不反對信仰自由，也「不反對基督教」（見《生命的學問》，頁82）。但在實質上，他認為信仰基督便是「不替炎黃子孫作主」，便是「人道倒懸於神道」（見《鵝湖月刊》，一〇二期，西元1983年12月，頁18）。根據牟先生的說法，此種倒懸是出於私利之宗教意識，宗教意識不是一種道德意識，而是一種否定自我，期盼救贖之恐怖意識（見中國哲學的特質，頁14）。此外，牟先生亦認為：救贖是完全靠上帝決定的，故一方面使人墜入一種盲目而悲觀的命定主義（見《圓善論》，頁156）；另一方面因上帝之觀念根本是虛幻的觀念，故基督教之救贖觀，根本是一種虛幻的解脫論（見《圓善論》，頁243～253）。對於上述種種看法，本文不擬再作說明。唯一可以提出的一點是，這些看法並非是對基督信仰的一種積極性內在化的理解。

〔註6〕 牟先生對於基督信仰之成見，來自許多因素。其一是排斥洋教的情緒。蓋基督教在清末是隨著帝國主義之武力侵入中國，基本上可以說這個西方宗教和其外來神參與了西方給中國人烙的奇恥大辱。因此，在中國知識份子的潛意識中始終有一種非刻意蓄聚的仇視西方宗教之對立態度。其次是二十世紀乃是西方文化當令的時代，中國人的食衣住行各方面，幾乎都「洋化」了。在這樣一個東方文化式微而國族飄零的時代中，牟先生格外覺得恢復文化意識以重振國魂之必要。其三，某些基督徒確實犯下一些錯誤，例如牟先生口中那些「用宗教來篡竊歪曲中國文化的人」。這些錯誤使得他認為基督徒都是獨尊上帝而數典忘祖的人。當然，致力於宗教會通之基督徒，究竟是以宗教「歪曲」了中國文化，抑或「解說」了中國文化，是見仁見智並關聯乎意識型態的事。此處不擬深論。然而，部份基督徒的對於交談所需之傾聽態度不夠，而一味以自己之思想系統套在中國思想之上，確實造成中國學者的不安與疑惑，這是基督徒本身應該反省的事。最後，就現實政治環境而言，牟先生最近一篇文章曾暗示地指出台獨運動的某些支持者，正是基督徒。此處姑不論台獨在政治、道德、宗教各平面上的複雜因素。為牟先生而言，分離意識正足以顯示基督徒只講永恆、不講現實：只要天國，不要中國的態度。在他看來，這種態度根本是自絕於國家民族，毫無歷史意識與文化理念的態度。總之，以上各端因素是牟先生不契於基督信仰的背景。本附註所引資料有二：一是陸達誠〈中國哲學與基督宗教會通的可能〉《哲學與文化》，十二卷二期）一是牟宗三「〈文化意識宇宙〉（上）」，同註2。

眞正理解牟先生思想中積極之因素，本文不擬自這些消極觀點入手，而純從他如何處理儒家人性論的思想觀點加以討論。

（三）本文對牟先生著作之選材，基本上以對儒家思想之疏解爲主。有關牟先生對佛家與道家之思想，本文不予涉獵。這一點一方面是因爲專論儒家，使本文之論題較單純而具一致之系統性；更重要的是，在有關人性各層次之探討中，牟先生本人毋寧更看重儒家。

此外，本文亦旁及一些牟先生對康德思想之疏解。在牟先生看來，康德所開出之主體實踐，接近于儒家的人性論系統，而且康德系統所未完成之道德的形上學，將由儒家來完成。

最後，就牟先生著作的不同階段而言，牟先生自己曾指出：他在五十歲以前之作品較不成熟，而不希望別人視爲標準。〔註7〕本文對於他五十歲以前之部份相關作品，如《認識心之批判》等雖仍採用，但在與後期思想相衝突，或後期思想更能圓融地處理某一問題時，以後期之思想爲標準。

（四）本文探討牟先生對儒家人性論之疏解，探討之焦點是放在牟先生的疏解上，而不是放在傳統儒家之種種說法上。換言之，傳統儒家之思想如何，或牟先生對傳統儒家所作疏解之客觀正確性如何，均不在本文探討之列。本文旨在反省牟先生對儒家思想之理解，及其中所透露出他的人性觀點。

三、論文大綱

人性論的探討，可以從好幾種方式來進行。例如西方人學，有以結構、關係、過程三大範疇，來涵蓋人性論者。〔註8〕本文之進行則以中庸「天命之謂性、率性之謂道、修道之謂教」，再加上牟先生所提出之「天道性命相貫通」爲大綱。這四句話分別代表探討人性所應涉及之人性根源、內容、工夫過程、及終極境界。這四層次之區分方式優於西方三大範疇之論列方式，且更是儒家論人性之傳統精華。

正文分六章，第一章是對牟先生疏解儒家人性論之進路說明。透過此一說明，本文將透顯出牟先生是以怎樣的觀點來處理人性。

二至五章是本文之主要內容。第二章論「天命之謂性」，探討人性之根源或人性之最終存在基礎；第三章「率性之謂道」就標題而言，應包含人之性

〔註7〕牟宗三，《中國哲學十九講》，頁407。

〔註8〕谷寒松，《神學的人學》（台北：光啓出版社，西元1988年即將出版）。

及人之道兩面。由於「率性」二字暗示：人之道是以人之性為前提，故本章先論「人之性」之內涵各面，再以人性之討論為基礎，論「人之道」之道德本質。

第四章「修道之謂教」是論人性實踐之工夫過程。牟先生對於工夫論之疏解，是內聖外王兩面兼重的。但由於現代社會之多元分工，外王的工夫已不僅是內聖一面的延伸，而更是具高度技術性、知識性之獨立事功領域。本文既是人性論之探討，對於外王一面便不再涉及，而剋就內聖一面之實踐工夫進行討論。

第五章「天道性命相貫通」內容包含兩部份。第一部份是論牟先生之「道德的形上學」。這一部份之探討可以說是對牟先生疏解儒家人性論之進路的証明，亦即對牟先生人性論體系之「絕對預設」的討論。本文將按牟先生之思想，說明並論証其系統預設的合法性及合理性。

道德的形上學之証成，為牟先生而言是關鍵的；它一方面綱維提掇了前面各章對人性諸層次之討論；另一方面，以它為本便能進至人性終極境界之說明。本章第二部份便基於此道德的形上學，論牟先生對於終極境界之看法。

第六章是結論。本章將綜合上述各章之討論，提出一些初步之反省。

最後要談的一點是，本文各章對人性之探討，以「自他之間」為樞紐而進行。所謂「自」是指主體；「他」則指主體以外者。「他」不一定是客體，在本文的脈絡中，「他」可以指客觀存有，可以指另一主體，也可以指超越的最高實存者。以第二章論人性根源所言及之自立與他立來說，這是探討主體與超越的最高實存者之根源關係。第三章論及道德性之自律與他律，則是就道德之主體因素與客觀因素（亦兼及最高實存者）之間的張力進行探討。第四章工夫論中所談之自力他力，亦是就主體與另一主體或超越者之間，在實踐過程中所可能有的相互合作抑或各自為力加以反省。在第五章終極境界之討論中，則更是探討自他之間，終極地為一抑或為二之課題。

第一章 牟宗三疏解儒家人性論之進路

　　本章是對牟先生疏解儒家人性論之進路作一說明。所謂進路是指掌握哲學思想的原則或方式。它可以是一種關鍵的觀念，亦可以是一種哲學的洞識。透過對這些觀念與洞識的了解，使我們在探討一個哲學家的思想時，消極地不致於迷失誤解；積極地更可以得其方便法門，而能整體地鳥瞰其思想系統之綱維骨架。

　　以下將從三點來說明牟先生的人性論進路。第一點是實踐優位的立場。實踐優位是相對於知識而言。牟先生在對傳統儒家的疏解中，不論是對先秦儒或宋明儒，都明確的指出其「出發點或進路……是踐仁成聖的道德實踐」。〔註 1〕這一點，從孔子的「踐仁知天」、孟子的「盡心知性知天」即可見其規模。反觀西方，從希臘哲學起，便是「由知識上的定義入手」，著重「理智思辨的興趣」及「分解的精神」。〔註 2〕牟先生肯定實踐進路是真正「以生命為中心」的。而觀解的知識進路則只是一種「以理智為特徵的獨立哲學」。〔註 3〕他說：「純以客觀思辨理解的方式去活動，是不關乎人生的，〔此〕即存在主義所說的不關心的『非存在的』。以當下自我超拔的實踐方式，『存在的』方式，活動于『生命』，是真切於人生的」。〔註 4〕正因為實踐進路較知識進路更「真切於人生」，並且，前者足以「消融」後者，而後者則不能消融前者，所以，牟先生在疏解人性論時，採取實踐優位的立場。至於此一立場是否引起

〔註 1〕 牟宗三，《中國哲學的特質》（台北：學生書局，西元 1978 年），頁 10。
〔註 2〕 同上註。
〔註 3〕 同上註，頁 5～6。
〔註 4〕 同上註，頁 6。

泛道德反知主義的疑慮，我們將在本章正文詳加辨正。

　　第二點是對人性的普遍性之肯定。大凡一個思想家，不論他對人性的普遍性採取何種立場。只要他仍著書立說，藉以與人溝通，並繼續生活在人類社會中，與人建立關係，那麼，他便以某種隱含的方式，承認人具有「共性」或「通性」。問題是：吾人如何知道這種「承認」不是一種獨斷的臆想？又如何在哲學上轉化此種通俗的「承認」為一種哲學的肯定？

　　對於以上兩個問題的答覆，可以說是任何人性理論所應該首先處理的基本課題。否則，整個理論的建立都將落空。牟先生既以心性之學為「儒家最內在之本質」，〔註 5〕自然不會放掉對此問題之注意。本章將從消極與積極兩方面，論牟先生對於人性普遍性之肯定。

　　最後一點要探討的是牟先生的「一心開二門」〔註6〕或「一圓圈兩往來」。〔註7〕如果說「現象與物自身的超越區分」是康德的洞見，並是其「哲學底全部系統底重大關鍵」。〔註 8〕那麼「一心開二門」則更是牟先生疏解儒家人性論的圓教智慧與洞識（亦是康德洞見之「充分証成」，詳見第五章）。「一心開二門」乃是借自佛家語，原義是指一心開出「真如」及「生滅」兩法門。牟先生以儒家「具體清澈惻怛之圓而神之境」所「滲透而充其極」的「仁心德慧」，〔註9〕說明「心體」即「性體」，並証成心體不但是「能起道德創造、宇宙生化之創造真幾，亦是貞定萬事萬物有真實存在之自性原則」。〔註 10〕牟先生此一洞識非常緊要，它不但使得主體與客體形成「一圓圈兩往來」之「真實的統一」，〔註 11〕更以此統一為樞紐，撐起儒家人性論之全部體系。本章只拈出此洞識作一進路之說明，此後各章將在適當章節再分別討論。以下各就（一）實踐優位的立場；（二）對人性普遍性之反省與肯定；以及（三）「一心開二門」之終極洞識，分三節探討牟先生疏解儒家人性論的進路。

〔註 5〕　牟宗三，《心體與性體（一）》（台北：正中書局，西元 1987 年），頁 5。

〔註 6〕　牟宗三，《中西哲學會通（七）》，見《鵝湖月刊》，一三二期，一九八六年六月，頁 1。

〔註 7〕　《心體與性體（一）》，頁 48。

〔註 8〕　牟宗三，《現象與物自身》（台北：學生書局，西元 1984 年），序頁 1～4。

〔註 9〕　《心體與性體（一）》，頁 116。

〔註 10〕　《心體與性體（一）》，頁 76。牟先生如何証成「心體為自然界與道德界之終極根源」，詳見《智的直覺與中國哲學》頁 186～192；亦見《心體與性體（一）》第一部綜論：《圓善論》第六章第五節。本文第五章將詳細討論。

〔註 11〕　《中國哲學的特質》，頁 39。

第一節　實踐優位的立場

　　牟先生疏解人性論之基本進路是實踐優位的立場。這一立場一方面來自對傳統中國思想的繼承；另一方面亦是在繼承中對理論予以綜合消化而確立。這一點可以由他對孟告之辯之疏解而窺知。以下分別論之：

（一）傳統思想的實踐優位性

　　牟先生清楚的指出：「中國哲學……的主要課題是生命，就是我們所說的生命的學問，它是以生命爲它的對象，主要的用心在於如何來調節我們的生命，來運轉我們的生命、安頓我們的生命」。所以，「中國人首先重德，……拿康德的話來講，就是實踐理性有優先性」。〔註12〕

　　先談先秦儒。前文已指出：孔子「踐仁知天」、孟子「盡心知性知天」，重點都在「踐」字與「盡」字所指點之道德實踐。孔孟便在這「踐仁盡心」上開出成德之教的弘規。荀子言心性「雖非儒者之正宗，然而成德之教則仍自若」。〔註13〕

　　中庸易傳是「宇宙論的進路」，它們固然不從道德心性講起，卻「從天命、天道的下貫講」。然而，「它的終結〔仍〕可與孟子一路的終結相會合」。〔註14〕以天命、天道而言，雖然是指點存有的「客觀性原則」，其內容意義卻仍需要人去彰顯，「以求徹盡」其價值。易乾文言所說的「夫大人者，與天地合其德，與日月合其明，與四時合其序，與鬼神合其吉凶」，正是彰明「成德之教」的極致。〔註15〕

　　宋明儒，依牟先生看法，並「無能越此『成德之教』的弘規」。以程朱、陸王兩大系而言，〔註16〕陸王之「尊德性」不必多說，對於程朱系統雖然牟

〔註12〕　牟宗三，《中國哲學十九講》（台北：學生書局，西元1986年），頁15。

〔註13〕　《心體與性體（一）》，頁7。

〔註14〕　《中國哲學的特質》，頁52。

〔註15〕　《心體與性體（一）》，頁7。

〔註16〕　按牟先生在《心體與性體（一）》頁42～60及《中國哲學十九講》頁389～420的說法，分宋明儒爲程朱、陸王兩系是較粗糙之普通說法。實則應分三系。以程朱而言，順朱子以伊川吞沒明道，是不合理之混同。伊川並不足以代表明道。由明道之圓教模型，「吾人很易看出其所開出者是五峰學，而不是朱子學」，所以由明道而五峰；伊川而朱子，再加上陸王，宋明儒「應有三系，亦顯然矣」。不過，由於此處並非對宋明儒理論作內部之釐清，而卻是就實踐（德性之知）與知識（見聞之知）兩大進路來分判宋明儒理論之優位性，故仍從二系之說法以方便討論。

先生判其爲「靜涵型態的道問學」，並指出道問學「與道德踐履無本質的相干」。〔註17〕然而牟先生亦肯定程朱的道問學與涵養工夫「于道德實踐有補充助緣之作用」。〔註18〕更重要的是，雖然牟先生以程朱的工夫本質爲「根本岐出、轉向之他律漸教」，但是他亦不否認程朱的道問學是以「成德」爲終極關懷之下的道問學。由此可見，不論是程朱的道問學也好，陸王的尊德性也罷，宋明儒總持地是以「德性之知」優於「見聞之知」，並以「德性之知」爲首要目標而開展者。

綜觀儒家思想，它所以以「實踐」爲首要課題，是因爲它是眞正「切於人生的」。此外，以「實踐」爲中心，足以消融知識而「不見其有礙」；反之，以知識消融實踐則不可。這一點，由踐仁「知」天與盡心「知」性便可看出。牟先生在其對傳統儒家的繼承中，亦吸收了此一實踐優位的立場。

（二）論知識進路不相契於人性論之探討──以孟告「生之謂性」之辯說明：

孟告「生之謂性」之辯，見於孟子告子篇。牟先生視孟告辯論的疏解爲「基本義理」的闡明，其重視程度由此可見。〔註19〕以下我們以孟子「生之謂性」章作出發點，詳論牟先生的疏解及其反省。

1.「生之謂性」章辨正

「生之謂性」章本身的邏輯問題，是孟告所有辯論中「參差乖謬」最多者。本文對這些邏輯問題不予處理，而僅就孟告論辯中，所透顯的理論問題，加以注意。〔註20〕事實上，孟告之辯中的邏輯問題，亦並不影響其深層理論之正誤。

孟告在辯論中，各自透顯出怎樣的理論立場呢？先說告子。在「生之謂性」章之前，告子曾以杞柳、湍水來比喻人性。牟先生指出告子如此喻性，「是把性看作材料，是中性義的性，並無所謂善惡，其或善或惡是後天造成的，

〔註17〕《從陸象山到劉蕺山》（台北：學生書局，西元 1984 年），頁 93～94。

〔註18〕《心體與性體（一）》，頁 50。

〔註19〕牟宗三，《圓善論》（台北：學生書局，西元 1985 年），第一章：基本的義理，頁 1～60。

〔註20〕牟先生清楚指出：孟子的問難當中有兩層邏輯滑轉。告子由於缺乏思想訓練，亦爲之語塞而失辯。詳見《心體與性體（二）》，頁 151～154；《圓善論》，頁 7～9。此外，何淑靜之〈孟告了解人性之進路探討〉亦據牟先生思想，詳細論列孟告辯論中之邏輯問題。此文收於《中國文化月刊》七一、七二期。

因而其中亦無所謂仁義……因而仁義是外于人性的」。〔註21〕告子既以材質視性，再於「生之謂性」章中正式拈出說性之原則——生之謂性。

依牟先生，「生之謂性」即「性者生也」之古訓。亦即：「一個體存在時所本具之種種特性即被名曰性」。牟先生更以西漢董仲舒所說之「性之名非生與？如其生之自然之質謂之性」為告子式「生之謂性」之諦解。〔註22〕

孟子對人性的看法與告子迥異。他主張「仁義內發于人性」，因此「他心目中的性必不是中性的材料義之性」。就材料義之性而言，孟子清楚它是可善可惡的。故孟子在「生之謂性」章亟力反對告子「生之謂性」之說。為孟子而言，「生之謂性」即使可在食色等自然之質上說到個體性之不同，但若僅止于此，「則在道德價值上說，人即與禽獸無異，是即『生之謂性』仍不能顯出人之真所以異于禽獸者，即仍不能顯出人之道德創造之真幾」。〔註23〕

2. 論「生之謂性」之廣義疏解

牟先生指出：「由孟子與告子之辯論，可知言性有兩層面」。〔註24〕牟先生以此兩層面建立「生之謂性」的「兩個義理模式」。〔註25〕此是所謂「生之謂性」的廣義疏解。這兩個義理模式如下：

一、經驗主義或自然主義的描述模式下之「生之謂性」。

二、本體宇宙論的直貫順成模式下之「生之謂性」。

第一種模式所說的性，即告子式「生之謂性」所說之性。這一層面的性是「實然之性，類不同之性」，它用以「作為形構之理之性」，亦即牟先生所謂的「橫列的括弧之性」。〔註26〕

第二種模式所說的性，是指易庸當中由天道、天命下貫而言的性。此性正是大戴禮記「分于道謂之命，形于一謂之性」之性。牟先生以為此種性「是

〔註21〕《圓善論》，頁2。
〔註22〕見《圓善論》，頁5。此外，關於生之謂性之解釋，尚可見於以下三處：（1）廣雅釋詁云：「性，質也」；（2）春秋繁露深察名號篇云：「其生之自然之資謂之性」；（3）孝經援神契云：「性者，生之質」。牟先生引明道直貫順成之格局，亦為「生之謂性」作出兩種義理模型，此可謂「生之謂性」廣義之疏解。見於《心體與性體（二）》頁147～154。
〔註23〕《心體與性體（二）》，頁153。
〔註24〕同上註，頁154。
〔註25〕同上註，頁148。事實上，兩個義理模型中之「直貫順成模式」是明道所創發，特為牟先生所借用耳。
〔註26〕同註24。

自道德創造之眞幾說人之性……是實現之理之性，〔亦〕是縱貫的創造之性」。〔註27〕

依上述言性之兩層觀，吾人可以進而言：人同時具括弧之性與創造之性之括「雙重性」；物則只具括弧之性。孟子辨人物之別，不是由橫列的括弧之性著眼，而是「由縱貫的創造之性區別人與物」。此外，「生之謂性」既可以有兩種模式的廣義解釋，可見它「不是性之定義，而是說性或理解性之原則」。〔註28〕準此，牟先生總結如下：「『生之謂性』作爲一原則看，則可，而依經驗描述之義理模式應用此原則于個體之自然生命而就其種種自然質性而說性，則有不盡」。〔註29〕其中不盡之處，正是因爲如此所說之性「不足以把人之價值上異于牛馬者標舉出來。」。〔註30〕

3. 論以知識進路探討人性有所不契：

如前所述，孟子所反對之「生之謂性」，是第一種義理模式下之「生之謂性」。此一模式所說之「形構之性」、「類概念之性」，正是「以知識類概念之態度說人之性」。〔註31〕而這種態度就是所謂「以知識進路」探討人性之立場。

前段論孟子在價值上作人物之別時，已對這種知識進路探討人性之不盡處，予以指明。以下再就兩點說明知識進路探討人性之不相契：

其一，爲牟先生而言，性不只是一種「只存有而不活動的理」，它更是一種「即活動即存有的體」，所謂「性體」是也。此性體既是能活動而起道德創造者，它就是一種「實踐上的概念，而非知識上的概念」。〔註32〕

其二，性亦是一種實現之理。以西方亞里士多德之形質論言，實現之理與形構之理不同。形構之理指物之本質，實現之理則是使一物之本質現實化，而使該物成爲現存物之理。如此，則「定義所表示的『形構之理』與使本質與存在結合爲一的『實現之理』實屬兩層」。〔註33〕其中，形構之理負責「知識地」描述與說明；實現之理則「實踐地」負責創造與實現。由此觀之，我

〔註27〕同註24，至於本體宇宙論下貫之性何以又是道德創造眞幾之性，見本章第三節之說明。

〔註28〕《心體與性體（二）》，頁148。

〔註29〕同上註，頁155。

〔註30〕《圓善論》，頁7。

〔註31〕《心體與性體（一）》，頁94。

〔註32〕同上註，頁93～94。

〔註33〕同上註，頁92～93。

們不能在一物之形構當中找到其實現之理，故知識進路並不相契於對實現之理之性的掌握。

（三）實踐優位立場的確立

1. 論實踐進路探討人性之適切性

牟先生拈出「性體」與「實現之理」兩觀念，已清楚的顯示了知識進路不契於人性探討的理由。蓋知識只能在能所有對的關係中掌握對象。對於超越能所關係而不能對象化的事物，則根本不相契。〔註34〕

既然如此，我們如何去掌握超能所關係的事物？又如何知道性即是體，性具有一種實現之理呢？牟先生認為這需要透過「實踐的德性之知」，亦即是在實踐當中與之「覿面相當」的親証、體會。〔註35〕

以性體而言，它「不是普通意義的知識」，「無一特定的經驗對象為其內容」。所以任何知識詮表方法上的語詞，如「本質」（Essence），如「本性」（Nature）等，「皆非足以代表此『性體』一觀念」。故其真實性「自始就是要在踐仁盡性的真實實踐的工夫中步步呈現」。〔註36〕在實踐當中，自然能漸漸「澈盡其內蘊」，而「逆覺地」體証它是能起道德創造之道德實體（Moral Creative Reality）。

「實現之理」亦然。它是個「超越的理念」，「與知識概念有別」。我們不能以「認知方式帶出此概念」，只能在實踐中「逆覺體証」之。在實踐中，性體當機地能起道德行為的「創生妙運」作用。此「創生妙運」作用就是一種「實現」。透過對此種「實現」的體會，吾人便「實踐的親証」此「實現之理」。〔註37〕此外，人性本來就不是一靜態而封閉的存有，它常是不斷地從潛能向實現的過程邁進。〔註38〕對於人性中動態地「實現之理」這一面，只有在實踐當中才能「親証體現」之。

〔註34〕所謂不相契，依牟先生，實包含兩層意義。一是有所不盡之意。蓋超越能所關係之性體是即存有即活動者。知識進路只能將之化約為性理，亦即只存有而不活動者，故不能盡其意。其次是指根本不相契之意，則如正文中前已討論者。

〔註35〕《心體與性體（一）》，頁168。

〔註36〕同上註，頁40、169。

〔註37〕同上註。

〔註38〕傅佩榮，〈人性向善論〉，收於《哲學與文化》十二卷六期（民國74年6月），頁25～30。

總之，知識進路並不契於人性之探討，而性體及其實現之理又是在實踐之中動態地呈現。如此便說明了實踐進路于探討人性之適切性。

2. 附釋泛道德反知主義之疑：

牟先生的實踐優位立場，是否暗示某種泛道德的反知主義呢？以反知主義來說，牟先生雖反對「以知識類概念之態度說人之性」，但這並不能被理解爲反知主義。因爲知識類概念所描述的人性，確實只能說到「實然之性、類不同之性」，而不能說至「道德創造的眞幾之性」。尤其是在「經驗主義或自然主義的描述模式」下的知識概念，更是如此。

就泛道德而言，牟先生在其意識型態上是否有此傾向，並無關乎其理論之內部義理。依此，本文並不涉及之。以下僅就其思想本身討論：

牟先生在論伊川朱子之格物窮理時，屢次指出「博學多聞之經驗知識」對于道德實踐只具有「補充助緣的作用」；在論「內聖外王」時，他亦指出「內聖必然函蘊著外王，因無隔絕人世獨立高山之頂之內聖」。〔註39〕這兩點似乎暗示了某種泛道德的思想。

不過，仔細推敲上下文，亦未必如此。首先，牟先生承宋明儒，分「知」爲〈德性之知與見聞之知〉兩種。可見他是承認兩種知各具獨立領域的。說經驗知識只具道德實踐之助緣作用，並非否定經驗知識之獨立意義，只表示他是以道德爲著眼點論知識。對于「道德實踐」而言，經驗知識是第二序的，這點本身並沒有錯。並且這點亦不邏輯地函蘊經驗知識無其獨立範圍。

以「內聖必然函蘊外王」而言，這點似乎暗示了較多的「以道德涵蓋政治」的「單元簡易」心態，〔註40〕故有泛道德之嫌。但就牟先生對於「外王學」的規定來看，他指出「外王」至少包含三個層面，即：政治、事功、知識。此三層面分別對應於國體政體之架構、各部門事功業務之制度及實現各種業務、制度之知識獲得。〔註41〕可見，他對於博學多聞的見聞之知，並沒有以一種泛道德的單元簡易心態，取消其獨立之豐富性。更進一步地說，若吾人對「內聖必然函蘊外王」一語，作正確的了解，便知道它與泛道德思想

〔註39〕《圓善論》，頁167。牟先生所謂：內聖必然函蘊著外王，非指分析的必然，而是綜和的必然。茲附識于此。

〔註40〕傅偉勳，〈大陸三週學術演講旅行後記（下）〉，收於《哲學與文化》十四卷期（民國76年6月），頁30。傅偉勳以「單元簡易」一詞，判中國哲學家的基本思維方式。

〔註41〕《心體與性體（一）》，頁193～195。

是根本不相容的。泛道德是指過份地看重道德，以致忽略了知識的探求。這種忽略基本上是反道德的。「內聖必然函蘊外王」一語，不但不忽略知識，更在可能的範圍內，要求更多的知識，以使得道德的實踐，能有更眞切的落實。

　　3. 實踐優位立場的確立：

　　最後，歸納本節的討論，可以確立牟先生疏解人性之實踐優位立場。此一立場有來自對傳統思想的繼承，亦有牟先生本人「實踐地」對人性義理之反省體証。就傳統部份而言，儒家自孔孟立教，便以成德之實踐爲人生首要之關懷。成德之實踐，確實亦是最切於人生之課題。牟先生繼承此傳統，進一步地予以綜消化。遂更肯定以知識進路向外「順取地」探討人性，並不能相契於對人性的理解。唯有以實踐的進路，向內「逆覺地」體証，才足以徹盡人性之全幅底蘊。

　　緊接著實踐進路的確立，第二節將探討牟先生對人性之普遍性之反省。我們將發現：牟先生對人性普遍性之終極肯定，正是實踐優位進路一個自然延伸的結果。

第二節　論牟宗三對人性普遍性之反省與肯定

　　談「人性的普遍性」，首先應該釐清人性的各個層面。人性有許多層面。從前節「生之謂性」的廣義疏解中，至少就可以得到「形構實然之性」與「價值應然之性」兩層。以此兩層之性而言，牟先生是在哪一層面上論人性的普遍性呢？

　　首先，「形構之性」不能言普遍性。因爲它顯現爲一種曲折之多相，〔註42〕這種多相只能「由其對應各別的事事物物而被界劃出」，〔註43〕故只具個別性而不具普遍性。至於「價值之性」，牟先生肯定它具普遍性。他指出「心之所同然者之普遍性是嚴格的普遍性……此種心覺當然是超越的義理之心」。〔註44〕其中所謂「超越的義理之心」，正是孟子式「即心說性」的「價值之性」。此「性」不但具有普遍性，而且是「嚴格的普遍性」。

　　問題是：牟先生如何肯定「價值之性」的普遍性呢？以下將分消極與積

〔註42〕同上註，頁104。
〔註43〕同上註，頁100。
〔註44〕《圓善論》，頁30。

極兩方面說明。

（一）對人性普遍性之消極說明

牟先生肯定人性中「價值之性」具普遍性。此肯定不是由「歸納普遍化」而來；亦不是由「智測地」論証而來。

1. 普遍性非由歸納普遍化而來：

如前所述，牟先生是仕「價值之性」上，肯定人性的普遍性。所謂「價值之性」，正是指「能起道德創造之性能」，亦即「內在道德性」。以體而言，它是「道德的創造實體」，是「即存有即活動者」。〔註45〕

就其存有一面之理以觀之，它「本是一、遍、常，是在形構之理以上者」。其中並「無定多之理存于其中……則其非歸納普遍化之理甚顯」。〔註46〕

爲牟先生而言，歸納普遍化有下列五點特徵：

（1）歸納普遍化是經過歸納程序而來之普遍化，並不是那普遍性自己；

（2）歸納普遍化之眞假值是概然的，並不是必然的；

（3）歸納普遍化所撰成之普遍原則，亦是類概念，因而亦是多的；

（4）歸納普遍化亦代表經驗知識；

（5）歸納活動施于存在之然（具體事物）自身之曲折內容上，因描述、記錄、類同、別異而推概之。〔註47〕

這五點特徵，不能適合于價值之性。價值之性「只是純一而非多」；其普遍性是「絕對的普遍性而非類概念之相對的普遍化」；而且它本身「無迹無相無曲折〔之〕內容」，「根本不能施行描述、記錄、類同、別異之歸納活動」。因此，其「不由歸納而得，亦非歸納普遍化之之理，亦明矣」。〔註48〕

2. 普遍性非由智測論証而來

依牟先生，「無論對『性』字作何解析，其……意義總易被人置定爲一客觀之存有。而……凡屬存有，若眞當一客觀問題討論之，總須智測」。〔註49〕智測即思辨理性觀解地運用，是知識的進路。知識進路對於存有之「性理」之探討，是無有窮盡的，因爲「事物之存有與內容總是複雜、神祕而奧密」。更何況「人、

〔註45〕《心體與性體（一）》，頁 40、112。

〔註46〕同上註，頁 100。

〔註47〕同上註，頁 101。

〔註48〕同上註。

〔註49〕同上註。頁 219。

物、天地之性」不僅是一「客觀存有」的性理，就其作為「即存有即活動」的性體言，它「不是智測所能盡」的，〔註50〕亦根本「不是（能）當作一客觀置定之存有而智測」的。〔註51〕準此，性體之普遍性不能由智測地論証而來。

（二）對人性普遍性之積極說明

經驗的歸納與理智的論証，皆不能獲致人性普遍性之証立。然則，牟先生如何積極地肯定人性之普遍性？

1. 孟子「心所同然」與象山「心同理同」之啟示

孟子說：「凡同類者，舉相似也……聖人先得我心之所同然」。又說：「非獨賢者有是心也，人皆有之，賢者能勿喪耳」（語見孟子告子篇）。其中所說的「心」，是「悅理義之本心」。孟子即本心以說性，故本心之遍有即指出性之普遍性。牟先生本此而肯定「心之所同然者之普遍性是嚴格的普遍性」。他在疏解孟子告子篇牛山章時，更指出「牛山之木喻有所同然之仁義之心（是）普遍地本有」。〔註52〕

象山學本孟子而自得。由孟子的「心有所同然」，象山亦指出「人皆有是心，心皆具是理」。〔註53〕象山對於本心之普遍性，早在十三歲時便有領悟。所謂「東海有聖人出焉，此心同也，此理同也……千百世之上，至千百世之下，有聖人出焉，此心此理亦莫不同也」〔註54〕正是其詮表之說法。牟先生對於象山此種「心遍理遍」之洞識，稱之為「原初的洞悟」，且是一種「一悟便定」之「宿慧」。〔註55〕

依此，孟子象山的啟示，是牟先生肯定人性普遍性之第一層根據。

2. 中庸「天命之謂性」之啟發

「天命之謂性」是儒家一個重要的命題，它規定了「性」的客觀原則。〔註56〕依牟先生，「儒家的尊嚴以及其所以為正宗處，完全靠這一傳統中的『客觀性原則』來提挈、來綱維」。〔註57〕對於「天命之謂性」本身之豐富

〔註50〕同上註。

〔註51〕同上註，頁223。

〔註52〕《圓善論》，頁32。

〔註53〕陸象山，《象山全集》，卷十一，與李宰書。

〔註54〕同上註，卷三六，年譜。

〔註55〕《從陸象山到劉蕺山》，頁26～27。

〔註56〕《中國哲學的特質》，頁40～51。

〔註57〕同上註，頁58。

意義及其相關問題，本文將留待第二章再作處理。此處，僅就其所指點與「性」之普遍性相關者論列。

簡單的說，天命之謂性就是：「一切個體的性來自天的創造眞幾」。〔註58〕依牟先生，其中的性「不可說成材質主義的氣命之性」，而必須「從氣化提起來，說寂感眞幾……說天命流行而爲性」，亦即「內在道德性」。〔註59〕

如前述，內在道德性透過孟子、象山的啓示，在主體方面具「心所同然」之主觀普遍性；天命之謂性的客觀性原則，更表示內在道德性既有同一的根源，故亦具客觀的普遍性。牟先生據此而肯定「同源於天的創造之流之創造眞幾、生命眞幾之性……是具普遍性的」。〔註60〕

3. 對內容眞理之具體的普遍性之反省

「眞理本身就函有普遍性」，所以「從眞理說普遍性……是個分析命題」。〔註61〕但是「什麼是眞理」？眞理如果就只是科學眞理，那麼人性的普遍性就一定不是眞理，因人性的普遍性不能由科學所証立故。〔註62〕

依此，牟先生認爲「眞理大體可分爲兩種：一種叫做外延的眞理（extensional truth），一種叫做內容的眞理（intensional truth）。〔註63〕外延眞理是指「不繫屬於主體，而可以客觀地肯斷的那一種眞理」。大體上，這是指科學眞理而言。〔註64〕人性的普遍性不是科學的眞理，已如上所述。故人性的普遍性「不是外延的普遍性」。以下，我們僅就內容眞理及其普遍性討論。

相對於外延眞理，內容眞理便是指「繫屬於主體……〔而〕一定要落入主體來呈現」的眞理。〔註65〕有沒有內容眞理？牟先生從「人性的眞實性」

〔註58〕同上註，頁 53。
〔註59〕同註 57。又，「天命之謂性」其中的「性」，牟先生只說成是「內在道德性」。這一點需詳加疏解，見第二章討論。
〔註60〕同註 58。
〔註61〕《中國哲學十九講》，頁 19。
〔註62〕科學眞理大體上分兩類，一是形式科學之眞，如數學；一是經驗科學之眞，如自然科學。本文在論人性普遍性之消極説明時，曾説人性之普遍性不能由歸納而來，亦不能由智測論証而來。前者説明了它不是經驗科學的眞理，後者則表示它亦非形式科學的眞理。合而觀之，人性之普遍性非是一種科學眞理。倘若科學眞理即眞理全體，那麼人性之普遍非眞理，亦明矣！（科學眞理之兩分，見《中國哲學十九講》，頁 20～21）。
〔註63〕《中國哲學十九講》，頁 20。
〔註64〕同上註，頁 21。
〔註65〕同上註，頁 30。

〔註66〕及「仁的具體呈現」，肯定有內容眞理。以仁的具體呈現來說。「仁是可以在我們眼前眞實的生命裡頭具體呈現的」，它「繫屬於主體」，因此孟子以「惻隱之心」來說仁。但它又「不只是主觀態度」，它具有某種「眞實性」。故「我們在外延眞理以外，一定要承認一個內容眞理」。〔註67〕

內容眞理既是眞理，故具普遍性。但是它的普遍性與外延眞理的普遍性，應當有所區別。牟先生稱「外延的普遍性是抽象的普遍性，而內容的普遍性是具體的普遍性」。〔註68〕什麼是具體的普遍性呢？仍以「仁」來說。

剛才提到「仁是在眞實生命裡頭具體呈現的」。牟先生指出「孔子講仁並不是抽象地講」，而是「當下從生活中指點仁」。〔註69〕可見仁表現的樣態是生活的、具體的。它「絕不抽象」且「隨時呈現」。另一方面講來，就它「表現出來的是理，是普遍的眞理」而言，它亦具普遍性。合而言之，便是所謂「具體的普遍性」。

現在再回到本節的主題：人性的普遍性。由以上對兩種眞理的分析可知：雖然人性的普遍性不能由科學眞理來說明（詳見註62）。然而由內容眞理之普遍性，牟先生仍能肯定人性之普遍。蓋在「踐仁盡性」的具體實踐中，人性的「內在道德性」如如地呈現出內容眞理所具有的「具體普遍性」。

4. 論人性的普遍性需在實踐中親証

綜合本節所有討論，牟先生是在人性的「內在道德性」上肯定其普遍性。此普遍性是嚴格的普遍性，故不能由歸納的普遍化而來。又，此普遍性是內容的普遍性，故亦不能外延地對象化地以智測論証得到。

那麼，吾人究竟如何肯定其普遍性？前面論內容眞理時，曾說到內容眞理的呈現。由此可知內在道德性之普遍性必須在呈現當中才能被肯定。一說到呈現，牟先生便指出它是「實踐的體証中」事。這就是說如果沒有實踐，就不會有所呈現，也就無法體証其普遍性了。對於這點，我們反觀孟子、象山的啓示，也可得到同樣的結果。據此，吾人可以總結地說：人性具普遍性，

〔註66〕同上註，頁24。所謂人生的眞實性，例如悲歡離合。這些不是科學裡講的。但「這個眞實性屬於人生全體」，「科學知識……只是人性整個的一部分」。「如果只承認科學眞理」的眞實性，否認悲歡離合中的眞實性，那可以說是一種「自我否定」。

〔註67〕同上註，頁25。

〔註68〕同上註，頁33。

〔註69〕同上註，頁36。

且其普遍性是在實踐優位立場的指點下親証而確立者。

第三節　「一心開二門」之終極洞識

　　「一心開二門」是貫串牟先生思想的一個重要線索。對牟先生而言，它亦是撐起儒家人性論全部體系的樞紐觀念。此一觀念的証立，本文將在第五章論「道德的形上學」一節處理。此處僅一般性地說明其意義。

　　先談「一心開二門」中的「二門」。依牟先生，「二門」可以有兩種說法。第一種說法是存有論地分開「智思界」（Noumena）與「現象界」（Phenomenon）。〔註70〕第二種則是由道德而形上學地分開「存在界」與「道德界」。〔註71〕這兩種說法只有詮表上的不同，〔註72〕本節以第二種作說明基礎。

　　對於「一心開二門」的「心」，暫且先不討論。「一心開二門」一語表示：「二門」所代表的兩個領域皆來自同一根源。依前段說明，這就是說存在界與道德界在根源上是通而為一，牟先生更以「宇宙秩序即是道德秩序，道德秩序即是宇宙秩序」作終極地指點。〔註73〕

　　對牟先生來說，道德界與存在界的終極源，可以以「心」來詮表。這個心「既非經驗的心理學的心，亦非認識的心」。〔註74〕它「是道德的，同時亦……是形上的」。因此，「它不但創造吾人的道德行為，使吾人的道德行為純亦不已，它亦創生一切而為一切存在之源」。〔註75〕這個心可以名之曰：「無限智心」。〔註76〕「無限智心開出存在界與道德界，並使兩界根源而終極地通而為一」，正是詮表牟先生「一心開二門」之諦解。

　　道德界與存在界既終極地相通，主觀面與客觀面便不能有所限隔。牟先生認為「宋明儒之將論孟中庸易傳通而一之」，〔註77〕最主要的意義，便是將

〔註70〕《心體與性體（一）》，頁178。
〔註71〕牟宗三，「中西哲學會通（六）」，收於《鵝湖月刊》，一三一期，西元1986年5月）頁1。
〔註72〕牟宗三，《智的直覺與中國哲學》，頁191。關於「二門」之兩種說法亦見於第六章一（一）部份之說明。
〔註73〕《心體與性體（一）》，頁37。
〔註74〕同上註，頁41。
〔註75〕同註72。
〔註76〕《圓善論》，頁243。
〔註77〕《心體與性體（一）》，頁37。

客觀面的天、道體、性體與主觀面的心、性體、仁體「通而一之」，使得「仁與天爲一，心性與天爲一，性體與道體爲一」。〔註78〕如此，不論由「主觀面到客觀面」，使「客觀面挺立」；或「從客觀面到主觀面」，使「主觀面形著」。皆成「一圓圈的兩往來」。〔註79〕

「一圓圈兩往來」，指點主客觀兩面「詭譎地相即」。〔註80〕「一心開二門」更表示此相即的兩面，是同一根源而又終極地爲一。這是牟先生最重要的洞識，亦是他疏解儒家人性論時，最根本的核心觀念。

本章縷述了牟先生疏解儒家人性論的三個進路或基本立場。實踐進路的確立，並不只是因爲儒家重視成德之教而然，更在於人性有超越知識觀解的層次。人性的普遍性便是超越知識觀解的。對它的肯定，是任何人性理論的基本課題。牟先生便是在實踐進路的人性呈現中，肯定其普遍性的。最後，「一心開二門」可說是牟先生的終極洞識。

〔註78〕同上註，頁 35。
〔註79〕同上註，頁 48。
〔註80〕《圓善論》，頁 325。

第二章　天命之謂性——論人性根源之自立他立

　　本章探討牟先生疏解儒家人性論的第一個課題：對人性之根源的探討。「天命之謂性」是中庸首章首句，它是儒家論性之客觀綱維原則，亦是對「性」之根源之指點語。本章的分析，便是以之爲基礎而展開。

　　「天」、「命」、「性」是疏解「天命之謂性」的三個根本觀念。本章首先對此三個觀念作義理上的分解，而後貫串此三觀念，以整體地方式展開牟先生對「天命之謂性」的諦解。最後，本章以自立他立的角度，綜合地反省牟先生論人性根源之看法。

第一節　「天命之謂性」的「天」、「命」、與「性」

（一）天

　　早在周朝以前，「天」的概念就已經出現。它的起源是什麼，至今仍無法超出假設的範圍。〔註1〕就本文而言，「天」概念的起源及其後如何變遷，並不在討論之列。我們僅將詩書乃至孔孟易庸各經典當中，「天」概念所涵蓋的幾個重要範疇，加以拈出即可。依牟先生之疏解，「天」至少可以包含以下五個層面的意義：

1. 天作為一虛位字

　　虛，是針對實而言。所謂虛位字就是本身不具實義卻另有指涉之字。牟

〔註1〕對於天的概念之源起，參看傅佩榮，《儒道天論發微》，頁10～14。

先生論孟子的天爵與天貴時指出：「天爵之『天』字是虛位字，既非指自然言，亦非指上天言」。它是指德行之「性分之不容已」或「定然要如此」之義貴亦然。「天貴……可說是定然的貴，不是待他而然的貴」。〔註2〕由此可知，「天」在天貴及天爵當中，並不具天之實義，而只作一虛位的形容詞，用以指涉「定然義」。其它如天理、天倫中的「天」亦是表「定然義」的虛位字。

此外，孟子所謂「此『天』之所與我者」，其中的「天」亦是虛位字，表「固有義」。「凡固有而定然如此者即說為是天——以天形容之」。總之，無論「說天爵是上天所賜給我的貴，說心之官是上天所賦與我者，說天理是上天所規定的理……這樣說〔均〕無實義，只表示凡此等等是本來如此者，是定然如此者，其本身即是終極的」。〔註3〕

2. 羲和之天、自然者天

羲、和原是人名。堯命羲和「曆象日月星辰，敬授人時」。後來，羲和即所謂的「天官或史官」。羲和之官掌「日月五星七者運行之事……此為原初之科學知識」。牟先生稱此為「羲和傳統」，其中所涉及的「天」即「自然之天象」，〔註4〕或詩經中「悠悠蒼天」、「彼蒼者天」〔詩：國風，頁225、243〕等自然者天。

3. 超越之位格天

羲和傳統的天是「實然而自然者」天，其中「無超越之意義」。〔註5〕然而，這樣的天並不能「盡古人言天之體統」及古人「道德宗教之莊嚴意識」。〔註6〕準此，牟先生肯定：傳統中的天是有超越意義一面的。我們先談位格義的超越者天。

牟先生指出「上世言帝、言天、乃至言天道、言天命……隱約地有人格

〔註2〕 本段所引，俱見於《圓善論》，頁54～55。

〔註3〕 《圓善論》，頁133。牟先生何以視天理、天倫乃至「天之所與我者」中的「天」皆為虛位字，與其思想體系有關。在牟先生看來，若天理、天倫真是由超越界所規定，「則道德便無獨立的意義，即只是他律道德」。而他律道德「便是道德之否定」。故牟先生疏解此類文字時，皆以虛位字之「天」解釋。至於自律他律的義理問題，詳見第三章與第六章。

〔註4〕 《心體與性體（一）》，頁226～227。

〔註5〕 同上註。

〔註6〕 葉水心在《總述講學大旨》中說：「舜之知天，不過以器求之。日月五星齊，則天道合矣」。牟先生認為「以器求之」之自然之天，是天的一個層面，但卻不能說「天道之本統只如此」。詳同上註。

神之意，至少亦是冥冥中有一眞宰之意」，〔註7〕以詩書而言，「詩書中的帝、天、天命〔便〕常有人格神的意味」。〔註8〕這裡所謂的「人格神」，便是位格義的超越者天（位格天）。〔註9〕

　　基本上，牟先生認爲「位格天」是「發之于原始的宗教之情」。以道德言，這是上世「關聯於〔王者〕『祈天永命』」而有的「他律道德」。〔註10〕故是一種道德意識未能「照體挺立」的「虛歉」。不過詩書當中，雖「肯認有一最高之主宰，只凸出一超越之意識，並不甚向人格神之方向凸出」。〔註11〕

　　至於孔孟。孔子的「知我其天」、「知天命」與孟子的「盡心知性知天」，都是有著「超越意義」的。〔註12〕並且，這些超越意義的天，「都不必只是形上實體」的意思。以孔子言，「孔子所說的天……含有宗教上『人格神』的意味……否則，『知我者天』等話是無法解釋的」。〔註13〕對於孔子這種「宗教意識」，牟先生稱之爲「超越的遙契」。依此，「〔孔子〕所遙契的天實可有兩重意義。從理上說，它是形上的實體。從情上說，它是人格神」。更進一步地說，「孔子的超越遙契，似乎偏重後者，這是聖者必然有的情緒」。〔註14〕

　　然而，依牟先生的看法，先秦的「天」觀念，整體說來是將「詩書中原有的人格神的帝天，轉化而爲超越遍在的天道、天命、天理」方向挺進的。〔註15〕

〔註7〕　《心體與性體（一）》，頁302。
〔註8〕　同上註，頁21。
〔註9〕　關於位格，請參閱《西洋哲學辭典，國立編譯館，項退結編》、《英漢信理神學辭彙，光啓出版社》及《Sacramentum Mundi》等「位格」條（person、hypostasis、prosopon）。綜合而言，位格指具有精神理性，而爲其存在、活動、關係負責之最後主體。人格則指人這樣的精神理性主體。故「位格」之外延比「人格」廣。以天而言，古人在一種原始的宗教情懷中，很可能擬人化的以「人格神」稱之。本文以「位格天」一詞以正名。此外，關於位格，亦可參考杜普瑞（Dupre）。《人的宗教向度》一書（台北：幼獅，民國75年），本文第六章再詳論。
〔註10〕　同註7。
〔註11〕　同註8。
〔註12〕　《圓善論》，頁132。
〔註13〕　《中國哲學的特質》，頁34～35。
〔註14〕　同上註。雖然牟先生在此處肯定孔子所超越遙契的天偏重人格神意味，但是在後來的著作中，似乎又有不同之看法。例如他說：「詩書中……人格神之方向……迤邐而至孔子，此方向總不甚凸出」《心體與性體（一）》，頁2。又，牟先生據孔子「天何言哉？」一語，推斷孔子的天更是「隱函」著「生化不測之眞幾實體」之意（見《心體與性體（一）》，頁303）。對於這點，論者頗多。詳見傅佩榮《儒道天論發微》，頁125～126。
〔註15〕　《心體與性體（一）》，頁121。

以儒家言，「儒家喜言天道的『生生不息』（易繫語），便是不取天道的人格神意義」，而轉化爲「創生不已之眞幾一義」。〔註16〕我們可以說，中庸易傳所「正式彰著⋯⋯爲大生廣生之創造之實體、寂感之眞幾」，更是完全「擺脫上世宗教之情之天之虛歉狀態，而成爲一實德彌綸之圓盈境界」。〔註17〕

至此，本文進入對另一超越義的天——形上實體的詩論。

4. 超越之形上實體天

上段文末已拈出形上實體的觀念。對於形上實體，牟先生有許多詮表的說法。例如「乾道」、「太極」、「道體」、「本體」、「寂感眞幾」、「天命實體」等等。這一總說法都是說的同一個能起「道德創造」、「宇宙生化」之終極根源。故形上實體之天即「所謂『天道生化』」以「負責萬物⋯⋯存在」的天，〔註18〕亦即「形而上的創造性」本身。〔註19〕

「創造性」是形上實體最主要之特色。由此可知形上實體並非是「只存有而不活動的」。它不但活動，而且是「健行不息」的不斷起「化育作用」〔註20〕之「即存有即活動」。

形上實體作爲「創造性自身」，是兼指道德與宇宙兩面說的。故牟先生說它是「能起道德創造」並「貞定萬事萬物⋯⋯使有眞實存在」之終極根源。〔註21〕不過，對於形上實體的「創造性」，吾人是透過「實踐的體証」，才能了解的，這也就是前章所謂「實踐優位的進路」。對於這一點，牟先生指出：吾人所以知道「天命於穆不已地⋯⋯起作用以妙運萬物⋯⋯乃完全由吾人〔心性之道德創造性〕體証其爲如此」。〔註22〕此處，我們對主體一面之「心性」、「實踐」等如何能「存在地」體証天道，暫不討論。本段旨在指出「客觀一面的天是創造性自身之形上實體」。

5. 渾通理氣之超越限定者天

形上實體天，無論就存有或價值的創生化育而言，都是偏於「理」一面。

〔註16〕《中國哲學的特質》，頁 21。

〔註17〕《心體與性體（一）》，頁 302。

〔註18〕《中國哲學十九講》，頁 75。

〔註19〕同上註，頁 424。又，關於形上實體之諸名及其討論，亦見於《心體與性體（二）》，頁 18～19。

〔註20〕《中國哲學的特質》，頁 37。

〔註21〕《心體與性體（一）》，頁 76。

〔註22〕《圓善論》，頁 133～134。

然而，超越意義的天還有通於「氣」的一面。本段首先指出天如何能有「氣」這一面，再指出渾通著理氣兩面的天是超越者天之全部意義所在。

何謂氣？氣不是一個能夠定義的觀念。關於它我們先從牟先生論「哲學的普遍性及特殊性」〔註23〕說起。依牟先生思想，哲學的普遍性及特殊性的問題可以綜結如下：哲學的普遍性是就其在某一文化限制中所表現出之真理而言；特殊性則是指真理之表現所必須通過之文化限制或通孔。

從以上的說明來看，「表現普遍性之真理」一面與「表現特殊性之限制」一面似乎是截然二分的。事實上，面是互相滲透、渾然一體的。普遍是特殊的普遍；特殊是普遍的特殊。牟先生稱這種狀態爲「具體的普遍」。〔註24〕

談到普遍性與特殊性之互相滲透，我們可以轉回對「氣」之說明。氣與理正有著類似的互相滲透關係。如果以「材質」喻氣，以「本質型式」喻理，吾人可以說「理不離氣、氣不離理」，才能貞定萬事萬物之存在。以「乾道」言，乾道是前段所謂之形上實體，是「理」邊事。它本身固能不已地起作用，但「其自身實無所謂『變化』，『變化』者是帶著氣化以行，故假氣化顯耳。變化之實在氣，不在此實體自身也」。〔註25〕

依此可見：氣可以從兩個角度去理解。消極地說，它是「理」的限制；積極地說，它雖限制「理」，理亦須透過它以起創生化育之作用。〔註26〕以下，本文就氣之限制義論「通於氣之超越限定者天」。

張橫渠解「富貴在天」中的「天」爲以「理」言之天，其根據是「大德必受命」及「易簡理得而成位乎天地之中」。〔註27〕牟先生以爲此非諦解。因爲受命與否，「不純是理之事」，其中尚包括「內在地其個人生命之強度與外在地所乘之勢與所遇之機」。而這些強度機勢，依牟先生，「皆是氣之事也」。

〔註23〕 《中國哲學十九講》，頁2。
〔註24〕 關於「特殊性與普遍性」之問題，詳見《中國哲學十九講》第一、二章。又，牟先生〈中西哲學之會通（一）〉一文，亦有相關討論，此文收於《鵝湖月刊》，一二四期，一九八五年十月。
〔註25〕 《心體與性體（一）》，頁33。
〔註26〕 更精細地說，「氣」還可以從許多角度理解。見《心體與性體（一）》，頁210、524等論氣性、氣命之段落：亦見頁137對康德「人性底特殊構造」、「脾性、性好、性向」等討論。又，「理氣」與西方之「型質」只具類比關係，並不能等同互換，故本文以「喻」詮表之。
〔註27〕 見《心體與性體（一）》，頁522～524，牟先生引張橫渠《誠明篇》所作之推論。

〔註28〕總之，是非求之必得者。故「大德不必能受命，受命者亦不皆有大德」。而「富貴在天」之「天」亦不必非偏于理說，「亦可偏于氣說」。〔註29〕

天可以偏於氣說，即是「通於氣之超越限定者天」。牟先生指出「個體生命之氣命與天地氣化之運行或歷史氣運之運行間……有一種遭遇上之距離與參差」。此距離與參差「超越乎我之個體生命以外與以上，此亦是天理中事……亦得簡言之曰天」。如此所說的「天理、天命、天道即是偏于氣說的天理、天命、天道」。這樣的天，就其為天而超乎我個體生命以外以上而言，是「超越的」；就其「非我所能控制」而言，是一種「限定」。合而言之，即是「對于吾個體生命有一種超越的限定」者天。〔註30〕

又，超越限定者天，與其說是「偏於氣」說的，不如說更是渾通著理氣而說的。對這一點，牟先生指出「孔子說『知天命』、『畏天命』、『知命』，以及感嘆語句中的『天』……表示一『超越的限定』義。此則不純是以『實體』言（普通所謂以理言）的天，當然亦不純是以氣言的天，乃是『實體帶著氣化、氣化通著實體』的『天』」。〔註31〕

更進一步的說，牟先生認為「孔子之踐仁以知天，孟子之盡心知性以知天，其所知之天固首先是正面同于仁、同于心性之『以理言』的天，但決不止於此，亦必通著那不離其神理之體的無窮複雜之氣，此兩面渾而為一，才是那全部的天之嚴肅意義與超越意義之所在」。〔註32〕

以上，是牟先生疏解「天」概念，所包含的五個層面。接下來，本文進入對「命」之探討。

（二）命

命與天是相連的觀念。相對於五種意義的「天」，原可以有五種「命」觀念。然而第一、二種天，亦即虛位詞及義和傳統所說的天，只具有「定然的、無條件的」「天定如此」的意思，其中並不具有「超越的根源者」之涵義。故與其相連之命觀念，亦只是虛位的詮表說法。

就三種超越意義的天而言，有下列三種「命」觀念與之相對應。分別是：

〔註28〕 同上註。
〔註29〕 同上註。
〔註30〕 《心體與性體（一）》，頁525。
〔註31〕 同上註，頁23。
〔註32〕 同上註，頁526。

命令義、流行義與命限義三者。

1.「命令義」的命

第一種命觀念是命令的命。這是相對於位格天而言者。如此說天命，便是「人格神意義的天，命給人以如此這般之性」。牟先生指出「這種命是宗教式的命法」。〔註33〕

2.「流行義」的命

宋儒有「天命流行」的老話。在這句話中的「天」是指超越的形上實體，而中的「命」便是「流行義」的命。什麼是「天命流行」呢？「天命流行」是說那作為「於穆不已」的「創造眞幾」，具有「一種深邃的力量，永遠起著推動變化的作用」，〔註34〕並且「生生不息」地創生潤澤萬事萬物。故流行義之命，便是指創造眞幾遍潤一切的「生化之流」。〔註35〕

3.「命限義」的命

「命限義」的命是「個體生命與氣化方面相順或不相順的一個『內在的限制』之虛概念」。〔註36〕說它是「虛概念」是因為它既不指「氣化本身所呈現的變化事實」，亦非「天命不已」的命或「性分之不容已之分定之定」。它必須落在「個體生命與無窮複雜的氣化之相順或不相順之『分際』上」理解。

當然，氣化並不是僅指外在於個體生命的氣化。個體生命本身就有氣化的層面。甚且，個體生命中的「理」根本就需在「氣」中才能起用。這也就是何以牟先生稱朱子的氣質之性是「氣質裡邊的性」或「義理之性之在氣質裡面濾過而受氣質之限制」。〔註37〕如此言氣，可以通於前段說「超越的限定」者天之討論。亦是「命限」之命何以是一「內在的限制」之諦解。

（三）性

1. 二分之性：結構之性、創造之性

性是一通稱，可以普人物而言。它泛指人之性或物之性。先說物之性。人以外的物「只有『類不同』的性」。「類不同」之性表現在動物是「盲目機械的」本能；表現在「無生命的物體」則如物理學上之言「墮性」。「本能與

〔註33〕《中國哲學的特質》，頁53。
〔註34〕同上註，頁21。
〔註35〕同註33。
〔註36〕《圓善論》，頁142。
〔註37〕《心體與性體（一）》，頁95。

墮性均代表『物質之結構』，可稱爲『結構之性』」。〔註38〕

　　人性包含了「結構之性」，但又不止於此。牟先生指出「人性有雙重意義。上層的人性指創造之眞幾，下層的人性指『類不同』的性」。〔註39〕所以人性不同於物性處，在於他的「創造眞幾」之性。

　　什麼是創造眞幾之性？首先，它不是「生物學的或自然生命的創造性」。〔註40〕「生物生命的創造性只是機械的」，它不是「性分之不容已」之創造性本身。創造性本身只能從道德去証實與理解。所以牟先生說「道德方面的創造性，才可算是眞正的創造性」。〔註41〕

　　前章論「生之謂性」時，曾提到「生之謂性」之兩個義理模式。一個是經驗描述模式下所得到的「實然之性」或「形構之性」；另一個則是本體宇宙論直貫順成模式之「應然之性」或「道德創造性」。對於兩者，牟先生分別以「括弧之性」及「創造之性」稱之。〔註42〕事實上，這兩種模式的性便是剛才所說的兩層人性。

2.三層之性：生物本能、氣質之性、義理之性

　　除了把性分作兩層來看以外，牟先生也曾以三分的角度來論性：〔註43〕

　　最低層的性是「生物本能、生理欲望、心理情緒這些屬于自然生命之自然特徵所構成的性」。牟先生以爲「告子荀子所說之性即屬于此層」。即如康德所說的「人性底特殊構造」、「人類之特殊的自然特徵」等亦是這樣的性。〔註44〕

　　第二層的性是氣質之性。此所謂氣質之性，並非朱子的「氣質裡邊的性」，而是「氣質之清濁、厚薄、剛柔、偏正、純駁、智愚、賢不肖等所構成之性，〔亦〕即後來所謂氣性〔或〕才性」。〔註45〕這一層的性相當重要，俟論完第三層性之後，再綜論之。

　　第三層的性是「義理當然之性」或「內在道德性」。這一層的性是「純屬

〔註38〕本段所引俱見於《中國哲學的特質》，頁56。

〔註39〕《中國哲學的特質》，頁55。

〔註40〕同上註，頁60。

〔註41〕同上註，頁63。依牟先生，藝術上之創造性，亦屬于生物生命之創造性，而非眞正之創造性（同書，頁61）。

〔註42〕《心體與性體（一）》，頁154。

〔註43〕《心體與性體（一）》，頁198～199。

〔註44〕同上註，頁137。

〔註45〕同註43。

于道德生命精神生命者」，亦是最高一層的性。牟先生以其爲人之「眞正主體性」，並以「性體」稱之。

爲什麼稱做「性體」呢？蓋義理當然之性，並不只是一個本質之性的「類概念」。它更是一「能起道德創造之性能」，故它本身應是能起此性能的「道德創造實體」。就其爲道德創造實體而言，牟先生以「性體」名之。〔註46〕至於此性體何以是人之眞正主體性，第三章第一節將詳細討論。

將性分爲三層的說法，事實上亦通於二分之性。在三層性之中，第一、二層性就是橫列的括弧之性，這是屬於氣一面的。第三層義理之性即縱貫之道德創造性。亦是孟子中庸易傳所謂的創造眞幾之「性」。以下，我們綜合地談「氣」（第一、二層性）與「性」（第三層性）兩面。〔註47〕

3. 綜論氣與性

氣與性的關係，類似於本章前段論氣與理的關係。我們曾說「氣」是「理」的限制；而「理」亦必須透過「氣」才能表現。氣與性也是如此。牟先生疏解明道之「性即氣，氣即性，生之謂也」〔註48〕時指出「個體之成是本氣化而來」，因此個體「由氣之結聚而成之種種顏色，如所謂清濁厚薄、剛柔緩急之類……〔皆〕是形而上地必然者」。既然「氣方面之稟受」是形而上地必然，那麼「性體不能離此氣稟而獨存」，亦成了形而上地必然了。

牟先生認爲「性即氣，氣即性」一語正是指點性氣不相離之「關聯語」。以「性即氣」言，「性不離氣稟而獨存，則性即與于氣稟而『即氣』矣」；以「氣即性」來說，「氣稟之顏色混雜于性上而與性一起呈現，則氣稟所在即性之所在，而氣稟處即性矣」。故「性即氣」一語「不是概念斷定的陳述語」，其中的「即」是用以關聯性氣二者之「相即」義。〔註49〕

〔註46〕牟先生用的「道德創造實體」或「形上實體」當中的「實體」（reality），並不同於西方哲學中的實體（substance）。前者僅用於指客觀方面「於穆不已」的「創造眞幾」或主體方面「純亦不已」的道德性體。後者則是「不依附它物而存在于其自身者」之謂（見西洋哲學辭典，「實體」條下）。

〔註47〕所謂氣一面的性，即氣稟、氣性、才性或氣質之性。有人反對氣質之性與義理之性之二分，如劉蕺山。牟先生則認爲此是無謂之爭辯。蓋氣與性之「不雜不離」是具形上必然性的。從其「不雜」面區分二者，亦是詮表上之方便，毋庸以其「不離」面來反對之。詳見《心體與性體（二）》，頁163～164討論。

〔註48〕見《心體與性體（二）》，頁160，牟先生引二程全書中語。

〔註49〕本段所引，俱見於《心體與性體（二）》，頁163～164。

第二節　天命之謂性

前節已分別論過「天」、「命」、「性」三個觀念。本節將貫串三者，整體地論「天命之謂性」的意義。

就字面而言，中庸此語是說「天所命給吾人者即叫做是性」。〔註50〕不過，單就此語來看，裡面是有許多關鍵思想需要闡明的，否則難以盡其諦解。好比其中的天，是怎樣的天？命，是怎樣命？而性，又是怎樣的性？此外，前節已提到，「性」是可以普人物而言的，「天命之謂性」並沒有硬說是只就「吾人」而言。那麼，是否能在一更大的脈絡下普人物而論之，再剋就人之性——亦是人性論探討之主要目的——作整體地理解？

本節分三部份進行。第一部份先就一較大脈絡，依牟先生之疏解，普人物地泛論「天命之謂性」；第二部份將焦點置於「人」身上，就「天命之謂性」一語，還原天、命、性三觀念於各自的定位，以貫串地討論人之性。最後，再按各部份義理，作一綜結辨正。

（一）普人物地泛論「天命之謂性」

首先，牟先生肯定中庸「天命之謂性」，是可以「普就人物而總言之」的。〔註51〕以字面而言，這就是說：人之性或物之性都是以某種方式由天命而來。這一點暗示了人與物之性，可以相通，可以「同體」。然而前一節論性時，亦很清楚地指出人物之間有根本之不同。依此，「天命之命，通人物而言，既有〔相〕同之意義」，〔註52〕又有不同之處。此中各環節便需有所分辨。

先論其相通處。相通處有二，其一便是人、物「個體之存在」之根源相通。牟先生認為人或物「個體之存在〔都〕是天命流行之體之所實現生化」。〔註53〕換句話說：人物之個體存在都是由天命而來。

其次，人與物「類不同」之性，亦皆由天命來。這一點需要多作說明。依牟先生，正宗儒家之天命，是指「於穆不已」之天命流行實體。此天命流行實體是「道邊事」。而「類不同」之性則是形構之性，屬於「氣邊事」。依此，類不同之性當不是由天命實體來。

雖然如此，吾人仍可以說，人物之「類不同」性，是由天命而來。蓋「類

〔註50〕《心體與性體（一）》，頁 29。
〔註51〕《心體與性體（一）》，頁 234。
〔註52〕《心體與性體（二）》，頁 159。
〔註53〕同註51。

不同」之性雖屬於氣，亦需有一宇宙論之根源。此根源即是通於「陰陽五行之氣化」而言的天命。〔註54〕牟先生稱如此之「天命之謂性」爲「天命之謂在」。〔註55〕

總之，「天命之謂性」，就人與物個別之存在或各自形構之性來說，是可以「通人物而言」的。但是，其中仍有根本之分別。

以天命流行實體來說。人物個體之存在，雖皆以之爲實現生化之源。然而卻只有人能「吸納之以爲其性」，物則不能。牟先生指出「天命流行之體，在人處，既超越地爲其體，復內在地爲其性，而在物處，則只是超越地爲其體，而不能內地復爲其性」。〔註56〕

何以人能吸納天命實體爲其內在的性，物則不能？關鍵在於心，人有「心」則「能推」，物無心，故「不能推」。「能推，則可以將天所命者吸納於自己之生命中而爲自己之呈現而定然之性；不能推，則天外在而超越地命之，而卻不能吸納此天命流行之體於其自己之生命中」。〔註57〕

人吸納了天命實體，便成了他的內在道德性，亦即道德創造之眞幾。物不能吸納天命實體，故只具氣化之形構之性。此是人物之根本分別。亦是吾人論性時，何以說「人同時具『括弧之性』與『創造之性』的雙重性，而物只具有括弧之性」的緣故。

（二）「天命之謂性」之人性論底疏解

前段通人物而言「天命之性」之同異。現在，我們剋就人之性予以分疏。

依牟先生，「天命之謂性」中的性，絕非是氣性之性。理由有以下幾項：

首先，從傳統方面來說，「天命之謂性」與『維天之命，於穆不已』，『民受天地之中以生，所謂命也』，爲同一思理中的語句……這一老傳統中的『性』皆不可說成材質主義的氣命之性」。〔註58〕以「民受天地之中以生」而言，「中」也者天下之大本。「如果『中』字指『性體』言，則作爲『天下之大本』之中

〔註54〕《中國哲學的特質》，頁57。
〔註55〕《心體與性體（一）》，頁234～235。
〔註56〕《心體與性體（二）》，頁158。又，明道認爲：從體用圓融地角度，可以說物亦具有天命實體以爲其性。但牟先生認爲「若必謂其具有，則亦只是潛能地、潛存地、外在地具有」。詳見《心體與性體（二）》，頁157～159之討論。
〔註57〕同註55。
〔註58〕《中國哲學的特質》，頁58。

體、性體……決不會是氣性之性」。〔註59〕否則，如何得中？

其次，依中庸本身義理來說，其下句「率性之謂道」暗示其中的性決「不會是氣性之性」。否則，率之又何以謂道？又「依中庸後半部言誠、言盡性，誠是工夫亦是本體，是本體亦是工夫，誠體即性體，性亦不會是氣性之性」。〔註60〕

性既非氣性之性，那麼它就是道德創造真幾的「創造之性」。依前文對「天」之討論，創造之性乃由作為「創造性自身」的天命實體下貫而來。故「天命之謂性」的天，即指天命實體；而「命」則是「流行義」的命。〔註61〕整體地說，「天命之謂性」就是：天命實體流行下貫于個體而具于個體，即為吾人創造之性。〔註62〕

依牟先生，創造之性是天命下降而成之人的本體，故是人之真實主體性。〔註63〕人禽幾希之別亦是從此處說出。然而，依前文對「氣與性不雜不離」之疏解，創造之性自「有生以後，便與氣稟滾在一起，便有因氣稟之不齊與拘蔽而成之不同之表現，便已不是性體自己之本然而粹然者」。〔註64〕如此，則創造之性作為人之本體，並不是光板的一個本體，而必須通於氣稟言之，才能徹盡其義蘊。以疏解人性論的立場來說，這就是指一個「完備的人性論」亦必須服膺「論性不論氣不備，論氣不論性不明」的法語、規範。〔註65〕

（三）綜論「天命之謂性」

準此，雖然牟先生疏解「天命之謂性」之最主要意義，在於給「創造之性」一個「客觀性原則」，以提挈、綱維「主體性」之正宗於不墜。〔註66〕但，吾人仍應就人性全體而論其宇宙論根源。人性全體是否均可以說到有一宇宙論之根源？依牟先生，答案很明顯是肯定的。以創造之性而言，人之道德創

〔註59〕《心體與性體（一）》，頁29。

〔註60〕同上註。

〔註61〕牟先生並不否認「天命」亦有「位格天命令」之意。基本上他肯定「儒家這兩種命法常相通」，且就聖者（如孔子）的超越意識言，他亦肯定聖者是對「位格天」有所遙契。然而，他仍認為：正宗儒家之天命，是由「命令義」歸結至「流行義」者。詳見《中國哲學的特質》，頁34～54之討論。

〔註62〕《心體與性體（一）》，頁31。

〔註63〕《中國哲學的特質》，頁17。

〔註64〕《心體與性體（二）》，頁166。

〔註65〕同上註，頁163。

〔註66〕《中國哲學的特質》，頁58。

造性由天命實體下貫而來，已毋庸再論。即就括弧之性的氣性來說，前文亦已指出它是以「陰陽五行之氣化」為根源。而陰陽五行之氣化，又以「渾通著理氣之超越限定者」天為其終極。故氣性亦必須終極地以此氣化之天為基礎。當然，氣化之天不是只有氣一面，它是渾通著理氣的。以此義理模式疏解「天命之謂性」，不但徹盡了「全部的天之嚴肅意義與超越意義」，更使得「既透本源又明限制之完備的人性〔根源〕論」〔註67〕得以建立。

第三節　論人性根源之自立與他立

由前節對「天命之謂性」的討論，我們已經知道：人性之全體，以天為其根源。此一結論，似乎可以順理成章地引出：人性在根源上是他立的、是以天為「客觀性原則」而被立起的。然而，在牟先生的思想體系中，人性根源之自立、他立問題，並不如此簡單。本節便是針對此一問題，依牟先生之疏解，作義理之展開。

首先，我們先說明自立與他立的意義。簡單地講，「自立」即指事物最終之本體（noumenon, reality）或存在根源依己而在己。相反地，「他立」便是事物最終之本體或存在根源依他而在他。

依此定義，人性在根源上是自立或他立呢？以下，本文分別從他立與自立的角度檢視之：

（一）人性根源上的他立

天命之謂性，是言人性他立之最主要因素。首先，以創造之性來說。創造之性是吾人之「真實的主體性」，此主體性是人性最終之本體，又稱「性體」。性體在兩方面是他立的。其一，它的存在根源他立，因為它是由天命、天道下貫而來；〔註68〕其二，性體雖是內存的本體，但並不泯滅它亦具超越的性格，而上通於天。依牟先生，主觀（內存）性固是重要，惟有經過主觀一面的踐仁，才能遙契客觀（超越）之天。然而「重主體性並非否定或輕忽帝、天之客觀性，而勿寧是更加重更真切于人對於超越而客觀的天、天命、天道之契接與崇敬」。〔註69〕此超越一面的天是提挈內存一面性體之客觀綱維原

〔註67〕《心體與性體（二）》，頁163。
〔註68〕《中國哲學的特質》，頁17。
〔註69〕《心體與性體（一）》，頁21。

則。故就性體之本體來說，亦具他立的性格。

其次談到氣質之性。姑不論有無氣質之性以與創造之性相對。〔註70〕人的氣稟本身不是一個本體，它是限制性體並使性體能具體形著的「材質」。以此而言，它的最終本體是創造之性的性體，故是在他。又，氣稟之性的性是「氣之下委於個體者」。此「氣」是一「形上之概念，藉以爲氣性、才性、質性之形上的根源」。〔註71〕氣稟之性既以「形上的陰陽五行之氣化」爲其根源而稟受，故其存在不但是在他亦是依他的。

（二）人性根源上的自立

「天命之謂性」是「超越地自本體宇宙論的立場說性」，故突顯了人性中之他立。然而人性之實，不僅可由此客觀性原則之綱維說他立，亦可由主觀性原則之親証說自立。牟先生指出「孟子之自道德實踐地所體証之心性，由其『固有』、『天之所與』，即進而提升爲與『天命實體』爲一矣」。〔註72〕換句話說，吾人之性體一方面以超越之天命爲其客觀之存在根源；另一方面亦可在實踐中體証它與天命的通而爲一。性體與實體通而爲一，則其「實義不能有二」。雖仍能「就其統天地萬物而爲其體言，曰實體；就其具于個體之中而爲其體言，則曰性體」，〔註73〕然而「超越而內存」地實說，則「言之分際有異，而其爲體之實義則不能有異」。〔註74〕第一章論牟先生之「一圓圈兩往來」時，亦曾拈出此義。

依此，性體既通於天命實體，又形著內存於主體之中，則它不僅是他立的，亦可說是自立的。蓋「他立」是從客觀超越面的實體下貫而說者。但，性體既完全與實體爲一，又內存爲人之「眞正主體性」，則人之主體性或最終本體，便亦可由內存主觀一面而說在己而自立。

總之，從道體之內存而與性體同一，我們說人性根源之自立；從道體之超越而下貫爲性體，則是人性根源之他立。自他兩面皆可說亦皆須說，是由於道體、性體在「一圓圈兩往來」中，同時是超越的，又是內存之故。不過，

〔註70〕劉蕺山反對氣質之性與義理之性的二分，詳見註47。但無論如何，無人能反對氣稟之事實。

〔註71〕《才性與玄理》，頁2。又，氣性之形上根源，本文亦以「乾道之陰陽變化」、「渾通理氣之超越限定者天」名之。

〔註72〕《心體與性體（一）》，頁30。

〔註73〕同上註。

〔註74〕同上註，頁31。

自立與他立的說法，畢竟是有執的分別說。在牟先生無執的圓教說法中，「一圓圈兩往來」既使主客一如而一本，則性體之自立他立，亦當是自他一如的。

　　本章以「天命之謂性」作樞紐觀念，對人性各面之根源作一綜合的探討，至此告一段落。下章轉入對人性各面內涵之疏解。

第三章　率性之謂道——論人性之自律他律

　　朱子註「率性之謂道」如下：「人物各循其性之自然，則其日用事物之間，莫不各有當行之路，是則所謂道也」。〔註1〕按以上解釋，我們可以從兩種方式理解「率性之謂道」。一是非道德的方式；一是道德的方式。非道德的方式是說「物各付物」，萬物各有本性亦各有其物理。事事物物自然會依其物性而有一定之運行道路。此即「自然中每一東西皆依照法則以動轉」〔註2〕之意。

　　所謂道德的理解方式，便是將「道」視為是道德的「道」；「當行之路」視為是道德上應當走的路。傳統儒家對「率性之謂道」的理解方式便是如此。

　　本章論人性之內容。依牟先生的實踐進路，亦以道德的方式鋪陳「率性之謂道」相關之義理。此方式並不預設人性的一切均是攸關道德的。它只是一種檢視的角度，探索的方便法門。

　　準此，什麼是「率性之謂道」呢？簡單的說，就是：率循人性便是道德的。對於這句話，稍加思索，便可發現其中有許多問題。並且，這些問題對於人性論的探討非常重要。

　　首先，什麼是人性？前章曾以二分或三分的方式論人性。無論以哪種方式分解人性，都不能否認人性中有一部份是「善惡混」的中性材質因素。因此就人性全體來說，我們很難同意「率循人性便是道德的」的說法。但是，依照牟先生的義理模式，「性」一字並不是指人性的全體，它是孟子的本心，亦是人的「內在道德性」。此性是人性的本體，更是吾人之「真實主體性」。

〔註1〕　《中庸今註今譯》，（台灣商務印書館，西元 1984 年），頁 3。
〔註2〕　《圓善論》，頁 170。

就此真實主體性而言，說「率性之謂道」不但合法，而且是理應如此。

如是，「率性之謂道」所引出的第一組問題便是：人性的各面有哪些因素？何以牟先生認為「內在道德性」即「真實的主體性」？又，此真實主體性如何是人性之本體／它與人性之各面因素有著怎樣的關聯？

其次，率「性」之謂「道」暗示：人「性」之各面與「道」德的善惡，直接或間接的相關。傳統儒家的性論，無論是探討人性之表現或形上基礎，都是圍繞著性與善惡的關係而展開。本章亦以一節的篇幅，依牟先生之疏解，論人性各面中的善惡。

最後，從「率性」之謂道的率性來看，似乎暗示了道德法則就在人性中，否則如何能說「率循人性便是道德」？但在另一方面，若道德法則只是內在於人性之中，那麼它的客觀普遍性便需另加說明。否則道德法則將成了主觀的個人意見。以上這一問題，基本上就是道德的自律、他律的問題。以西方價值論來說，就是價值究竟是主觀、抑或是客觀的問題。

針對以上三組問題，本章以下分三節探討之。

第一節　論人之真實主體性與人性各面：

（一）人性內涵之總持各面

前章論性之著眼點是性之根源。故對於性之內涵雖作了一些說明，卻未能盡其全幅。例如人性的認知與美感經驗一面，便沒有提到。本節論人之真實主體性，先就人性之總持各面作概括之說明：

1. 才性、氣性

依牟先生，氣性或才性由其為「氣之下委」來說，可有三義：[註3]

甲、自然義（在實然領域內，不可學，不可事，自然而如此）；

乙、質樸義（質樸、材樸、資樸通用。總之曰材質）；

丙、生就義（自然生命凝結而成個體時所呈現之自然之質）。

氣性之此三義，既由氣之下委說起，是通於前章論氣性之根源者。就但內來看，只拈出了氣性為實然而自然的材質一義，並不能盡氣性之全幅意義。

氣性之全幅意義，應包含下列各項：

甲、從根源來說，它是由渾通著理氣的天，氣化而下委；個體稟受之自

〔註 3〕牟宗三，《才性與玄理》（台北：學生書局，西元 1975 年），頁 2～3。

然之質。

乙、從材質來說，它是人性各面得以具體化、個別化之底基。在此底基之下，人性各層面才得以表現其「生命強度之等級性」。〔註4〕

丙、以美學而言，「對氣性才性或質性全幅展開而予以品鑑，此則開藝術境界與人格美之境界」。〔註5〕

丁、以其作爲一種限制而言，「在仁心悲情之照臨下，實然之氣性或自然生命之強度皆是定而不定者」。〔註6〕其定，是生物學上的先天之定，如此之定並無「理性之上的必然」，故亦是不定。在定與不定中，便突顯出對人性的一種限制觀念。

總而言之，才性、氣性、質性等，都是一種「材質的觀念」。它們一方面表現出對人性各面的限制，一方面亦是人性之「具體化原則」。〔註7〕所以它們是一種底基或「質素底子」。〔註8〕藉此質素底子，才可以在人性中言變化，言個別具體之「生命強度」及藝術的美，並通過「陰陽五行之氣化」言個體生命與宇宙、歷史分際上的命限。〔註9〕

2. 認知主體性

牟先生清楚的指出：「主體有二：一曰知性主體，一曰道德主體」。〔註10〕本段先論知性主體。

知性主體又名「認識心」或「觀解理性」。〔註11〕它的作用是成立知識。認識心的知識是順所的有取之知。所謂「順所」是說「能知」順向著「所知」；有取之知則指「有取于物」的「明他」。〔註12〕

知性主體如何成立知識？認知之能所有著怎樣的關係？依牟先生，知性主體在與外物相即之當下，全體「同時俱起」而「攝及」之，〔註13〕即成知

〔註4〕《才性與玄理》，頁40。
〔註5〕同上註。
〔註6〕同上註，頁41。
〔註7〕同上註，頁5。
〔註8〕同上註，頁21。
〔註9〕「命限」觀念之討論見第一章第一節（二）部份；又，《圓善論》，頁142～157亦有對命限之討論。
〔註10〕牟宗三，《認識心之批判。上冊》，（台北：師大美術社），序言，頁4。
〔註11〕《生命的學問》，頁17～18。
〔註12〕同上註，頁8。
〔註13〕《認識心之批判。上冊》，頁8。

識。由此觀之，能所的關係，並不只是消極的對待關係，卻是「心之彰著而卓立」，〔註14〕同時彰著了認識心之「心覺自己」，又復彰著卓立了對象。

在此，牟先生吸收了「柏克萊『存在即被知』之主斷」，而給予認識論的說明。〔註15〕此說明即：「在認識論內，吾人〔可〕說：凡是存在都是現實者，凡是現實者都是可被知者」。〔註16〕

何以認知的能所關係，只能認識論地說明「存在即被知」？這是因為認識心之彰著卓立對象，只是認識論的「攝及之」之彰著卓立。而不是存有論的創生實現對象。認知對象之存有論的存在，〔註17〕是有其「獨立性或各自性」的。〔註18〕

認知主體的順取之知有其價值。蓋順取則可以「生天生地」、「成立科學」，〔註19〕並使德性之知落實而「暢達無阻」。〔註20〕但是，順取之知亦有其限度。它最大的限制便是不能超越能所關係，故只是經驗地「平面的函攝」，〔註21〕而不能透出本體或物自身。欲進至本體或物自身，便需由「認識主體……轉進一層而至實踐主體（亦即道德主體）」方可。〔註22〕

3. 道德主體性

依牟先生，道德主體性是人性中之最上層，若吾人只停留在認知心之有取而明他，卻不能逆返道德心之無取以明己，〔註23〕則不但是「淺薄的理智主義」，更且不能透出人性之根本大義。

道德主體性即孔子的「仁」，孟子的本心，陽明的良知。牟先生亦以「內在道德性」、「道德之創造真幾」、「性體」等字眼來稱呼它。

〔註14〕同上註，頁97。

〔註15〕同上註，頁8。

〔註16〕同上註，頁9。對於「存在即被知」在認識論上之論證，詳見本註出處之前後段討論，正文不列出論證之內容。

〔註17〕此處所謂「存有論的存在」，是用於與牟先生所謂的「現實的存在」有所區別。蓋牟先生的「現實」，與「被知」為同義語。是就認知之能所在認知之攝及關係中全體一起呈現而說的現實。

〔註18〕《認識心之批判，上冊》，頁6。牟先生此所言之「獨立性或各自性」通於現象學的「意向性」（Intentionality），而非外於主體意向性之獨立性。

〔註19〕同上註，序言頁2。

〔註20〕《現象與物自身》，頁122～123。

〔註21〕《認識心之批判。下冊》，頁244。

〔註22〕《生命的學問》，頁18。

〔註23〕同上註，頁8。

以孔子的仁來講，「仁」不僅是客觀性的仁或「仁理」，〔註 24〕更是有著「覺」與「健」兩大特質的「仁體」。覺就是俳惻之感或不安之感，〔註 25〕有覺則能感通潤物。健是易經「天行健」的健，健則使感通純亦不已。〔註 26〕覺與健突顯出仁之實義正是「即存有即活動」之道德眞幾。故牟先生說仁是「道德的主體」，亦是「道德的天心」。〔註 27〕

孔子的仁雖亦可由「體用一如」或「即存有即活動」而隱約地指出其爲一存有之本體，然而畢竟只是隱約的蘊涵此義。孟子從本心說性，「無所隱遁」地突顯出道德實踐之超越根據，便使吾人之本心性體「落實地開出」。〔註 28〕

陽明的「良知」通于象山的「心即理」，並上接孟子之「本心善端」。良知是什麼？依牟先生的疏解，「良知不只是一個光板的鏡照之心，而且因其精誠惻怛，更是有道德內容者」。〔註 29〕何以良知不只是一「照心」？蓋「天理就是良知之自然明覺之所呈現」。它不是良知的對象，良知亦不像認識心一般，「認知一客觀而外在的理」。良知只是「內斂地昭昭明明之不昧……即隱然給吾人決定一方向，決定一應當如何之原則（天理）」。〔註 30〕依此可知「天理是良知之當然而必然處，良知〔則〕是天理之自然而明覺處」。從道德主體之性體而言，性體之即於活動處，便是良知之明覺；性體之即於存有處，即是天理之當然，故良知性體是「即心即理」亦是「即存有即活動」者。〔註 31〕

4. 綜論人性之總持各面

本節以氣性（才性）、認知主體性及道德主體性來概括牟先生論人性之總持各面。氣性雖是一限制觀念，但亦是一「質素底子」。在此底子之上，人性

〔註 24〕孫善豪，《牟先生哲學中之實踐問題》，《哲學與文化》，十三卷十一期，西元 1986 年）一文將牟先生的仁，僅視爲客觀性的仁理，似乎忽略了仁作爲即存有即活動之仁體之覺、健作用。頁 54。
〔註 25〕《中國哲學的特質》，頁 29。
〔註 26〕同上註，頁 30。
〔註 27〕《認識心之批判。上冊》，序言，頁 5。
〔註 28〕《心體與性體（一）》，頁 26。
〔註 29〕牟宗三，〈陽明學是孟子學（上）〉（《鵝湖月刊》，創刊號，西元 1975 年），頁 13。
〔註 30〕同上註。
〔註 31〕同上註，頁 14。

之各面才得以具體化地挺立起來。以認知主體來說，認知的能所關係當在「生理感中心之交攝」中經驗〔註32〕以實現。在此經驗範圍之外不能有能所關係。設若認知主體只是一光板的認知心，無「生理感中心」之氣性底基，則根本不能有經驗，亦不能有能所關係之認知了。道德主體更是如此。天命所下貫而形著於個體之性，自始就不是一離氣而獨存的性體。它之能起道德之創生變化，根本是「帶著氣化以行……假氣化以顯〔者〕」。〔註33〕

認知主體與道德主體是人性之最主要兩種主體性。前者在能所關係中開出有取之知識領域；後者則超能所地開出無取之價值界。依牟先生看法，認知主體終將歸于道德主體；有取之知的明他，終將歸于道德踐履的明己。因為認知只是一種「平面橫剖的意識」，生命卻「總是縱貫的、立體的」。唯有由平面的認知走向道德生命的覺醒，才是「生命的學問之全體大用」。〔註34〕

（二）論道德主體性即人之真實主體性

依前節所述，道德主體在價值上是人性之最高層次。然而，牟先生並不此為已足。在他看來，人之內在道德性不僅在價值上是人性之最上層，在存有上亦是人之「真實主體性」。以仁體來說，前節已指出仁體即是本心性體。它的感通潤物沒有極限，「其極也必『以天地萬物為一體』」。〔註35〕故它「必是我們真實的本體」，亦即吾人「真正的主體」。〔註36〕此外，從性體是由天命、天道下貫者來看，牟先生亦指出它是「形而上的、體現價值的、真實無妄的主體」。〔註37〕

何以本心性體在存有上是吾人之真實主體性？欲回答此一問題，需先回到牟先生「一心開二門」之終極洞識，檢視其所展開的圓教一本模型。

第一章已經指出：一心開二門的「心」是無限智心。無限智心統攝存在界與道德界一切存有，並為一切存有之本體根源。此一本體根源即平常所謂天命、天道。吾人之本心性體乃由其下貫形著而來。

本心性體不但是由天命天道下貫而來，它更與天命天道通而為一，故本心性體亦是無限者。此一無限非但指在價值領域上「與天地萬物為一體」之

〔註32〕《認識心之批判。上冊》，頁8。
〔註33〕《心體與性體（一）》，頁33。
〔註34〕《生命的學問》，序言，頁2。
〔註35〕《心體與理性（二）》，頁223。
〔註36〕《中國哲學的特質》，頁30。
〔註37〕同上註，頁17。

感通無限，更是在存在領域上「客觀地豎立起來而爲萬物之體」。〔註38〕故牟先生肯定地指出「本心仁體或性體雖特彰顯於人類，而其本身不爲人類所限，雖特彰顯於道德之極成，而不限於道德界，而必涉及存在界而爲其體，自爲必然之歸結」。〔註39〕

依前述，本文再轉回「本心性體爲眞實主體性」一問題。第一義地說，本心性體起道德純亦不已之創造作用，故是吾人之道德主體，此不待辯。進一步而言，它既不爲道德所封限而「涉及存在界並爲其體」，則本心性體亦當是一切存在之本體而無疑。準此，人性之總持各面無論是道德的或非道德的層次，均以性體爲本體──道德性以之爲道德主體，非道德之性以之爲存在本體──如是，便證成了「本心性體爲吾人之眞實主體性」之命題。〔註40〕

肯定了道德主體性是吾人之眞實主體性。那麼，牟先生又如何看待此一眞實主體性與人性其它各面的關係呢？此即下面所欲探討之主題。

（三）論道德主體性與人性其它各面之關係

本文在綜論人性之總持各面時，已談過道德主體與人性其它各面的關係。不過，那時的討論雖在價值上突顯出道德主體性的特殊地位，卻沒有在存有上肯定道德主體是人性全體之眞正本體。依前節之肯斷，道德主體確實是存有上的人之眞實主體性。本節便在此一肯斷下繼續探討。首先，我們要

〔註38〕《智的直覺與中國哲學》，頁191。
〔註39〕同上註，頁192～193。
〔註40〕牟先生「性體即眞實主體」一命題之論證前提在於「性體上通於天，並與天同爲存在界與道德界之本體根源」。這一前提之另一詮表說法即「宇宙秩序等於道德秩序」。有學者反對此一前提。例如傅偉勳認爲「宇宙秩序是否即是道德秩序，並沒有完全獨立乎道德主體的客觀性證立理據可言」，故它只是一種「泛道德主義偏差」的「形上學獨斷」。對於這種看法，我們不能完全同意。首先，任何的哲學家在終極的本體問題上，都需要某一種形上信念作爲建構其哲學體系之絕對預設。這些形上信念來自理性上的一種「跳躍」，而「與是非對錯的邏輯判斷毫不相干」（傅偉勳語）。我們不能因爲在「科學上……無法檢證（verify）或反證（falsify）其『客觀必然性』（傅偉勳語），便嗤之以無理據可言。以牟先生的「宇宙秩序即道德秩序」來說，牟先生亦從未以爲這是科學可以檢證的，蓋此一本體之信念是在無對的實踐當中親證者。當然，此一形上信念是否能夠「圓滿而無憾」的極成牟先生所謂的「道德的形上學」，是可以討論的。但若只是外圍地視「以道德的道路探討形上學」便是一種泛道德主義的偏差，則並不是切題之論。本文第六章將對牟先生之「形上信念」作進一步的討論。傅偉勳引文見于「儒家思想的時代課題及其解決線索」，該文收於《哲學與文化》，第十三卷第二期。

談的是：內在道德性如何說是氣性之本體。其次，認知主體又如何由道德主體辯證地開顯出？

1. 道德主體性為氣性之本體

依本文第二章第三節（一）論「人性根源上的他立」之探討，氣性之本體是「在他」，而存在根源亦是「依他」的。所謂「在他」是說它自己本身沒有主體，它是本體的具體化原則。然而，它的本體是什麼？以人性來說，氣性應以人性之主體為其本體。既然道德主體性是人性之真正本體，那麼氣性亦必以之為其本體。

氣性是「依他」的，這是就其存在根源可以推溯至氣化之天而言。氣化之天是渾通著理氣的天，亦即「實體帶著氣化，氣化通著實體」的天。此天與性體為一，二者只有詮表上說法之區別。〔註41〕故氣性推源於天亦根源於性了，此性即性體之性，亦即道德主體性。綜和上述思想，可以歸結為：道德主體性為氣性之本體。

2. 道德主體辯證的開顯為認知主體〔註42〕

依牟先生思想，認知主體是由道德主體辯證的開出，換另一種說法來說，就是「認知主體是道德主體之自我坎陷」。〔註43〕本節先論「辯證開顯」，順而再言「自我坎陷」。

道德主體何以「能夠」開顯為認知主體？依前節討論，道德主體是人之真實主體性，亦是人性之本體。既然說它是本體，人性之各面便都以之為存有基礎。認知主體亦不例外。此即牟先生所以言認知主體是由道德主體開出

〔註41〕 牟先生以為天與性體之異名，只是「言之分際有異，而其為體之實義則不能有異」，詳見《心體與性體（一）》，頁 31。

〔註42〕 牟先生在《現象與物自身》中，用「知體」一名來說心體、性體。故「知體」即是「良知明覺之體」，而不是「認知主體」（頁 63）。他在該書中論「知體明覺開知性」的說法（頁 121 以下），事實上就是本文所謂「道德主體（知體）辯證的開顯為認知主體（知性）」之意。本文為統一說法，沿用道德主體與認知主體之名，附識於此。

〔註43〕 「道德主體自我坎陷」的說法，在牟先生的思想進程中，由來已久。從早期《王陽明致良知教》（西元 1955 年），第三章「致知疑難」中即已出現。之後在《認識之批判，下冊》（西元 1956 年），第三章「二用格度之所函攝」；《政道與治道》（西元 1961 年），第三章「理性之運用表現與架構表現」；及晚期《現象與物自身》（西元 1976 年），第四章「由知體明覺開知性」，均有涉及。本文之討論以《現象與物自身》為準，蓋此時牟先生已證成其道德的形上學，非只是在泛道德主義的心態下，誇大道德主體的價值而空泛地論說。

之形上理由。

　　進一步地說：道德主體「必須」開顯爲認知主體嗎？依牟先生的說法，此一開顯是必須的。蓋道德實踐要求吾人「解決……屬於人的一切特殊問題」與「險阻」。〔註44〕這些特殊問題與險阻之解決，端賴道德主體「轉爲知性」以窮究存有「曲折之相」，才能使「道德的心願……暢達無阻」。〔註45〕依此，牟先生指出，道德主體「不能永停在明覺之感應中，它必須自覺地自我否定，轉而爲知性；此知性與物爲對，始能使物成爲對象，從而究知其曲折之相……始能充分實現其自己」。〔註46〕道德主體（正）自覺地否定自己，而轉爲認知主體（反），以俾自身充分的實現（合），「此即所謂辯證的開顯」。

　　於道德主體之充分實現處，吾人見辯證開顯之必要性，主體需經過這一曲折始能通達。「此之謂曲達」。

　　「自我坎陷」與「辯證開顯」基本上是指同一件事，然而意義稍窄。自我坎陷不是就開顯之全部辯證過程（正反合）說的，卻只是對「道德主體自覺地自我否定」（反）一關節，所作的詮表說法。

　　牟先生指出，道德主體的自我否定（坎陷），就是「停住而自持其自己」。所謂「停住」即「從神感神應中而顯停滯相」。停滯相一顯便是執，此執便成了認知主體。〔註47〕

　　道德主體之自我坎陷或「從無執轉爲執」，是「自覺地要坎陷」，也是「自覺地要這一執」的。故此「執」不是價值上貶義的執，「不是無始無明的執」。卻是「『難得糊塗』的執，因而也就是明的執，〔更〕是『莫逆於心相視而笑』的執」。〔註48〕

〔註44〕《現象與物自身》，頁122。
〔註45〕同上註。
〔註46〕同上註。
〔註47〕同上註，頁123。
〔註48〕同上註。傅偉勳反對牟先生的「自我坎陷」說。主要理由有二：一是從事知識活動之過程，「並無所謂道德主體性的挺立……在先」，而後才有知識的形成與發展；其次，他認爲牟先生的「自我坎陷」說法的主要意義是：道德主體在生命更高層次的價值取向上，應對於認知主體施行一種「道德上的指導或價值上的規制」（引文同註40）。這兩個說法都有相當高之正確性。前者指點出生命有許多向度是獨立於道德之外的；後者則仍肯定道德主體在價值領域的上層地位。不過，正如同註40所指出者，傅先生並沒有針對牟先生的形上立場加以反駁。他先視道德主體爲只屬道德領域的（在牟先生，道德主體亦是存有的本性），自然會認爲「道德主體坎陷爲認知主體」是一種混淆價值

綜和本節各部份討論，牟先生先根源地指出道德主體由天命而來，再肯斷道德主體是通價值與存有兩面之本體。而後縷述此道德主體與人性各層次的本體關聯。於是證成了道德主體即人之眞實主體性或人性之眞正本體。〔註 49〕下節本文即轉入人性與善惡之探討。

第二節　論人性之善惡

自古以來，關於人性善惡的學說不可勝數。有主張性善的，有主張性惡的。有以為人性是善惡混的，有說人性是中性而無所謂善惡。這麼多的說法當中，必然各有各的眞理，但亦各有各的限度。

〔註 49〕界與存在界之泛道德主義偏差。
另一反對「道德本體為人之眞實主體」意見，是由孫善豪所提出。他認為以本體規定主體，會造成主體的異化。理由歸納如下：首先，孫善豪肯定本體是存在與道德兩面之統一體（這一點是牟先生之終極信念，孫善豪由此點開始探討，是其優長）。不過，此本體是由認知主體反顯出來的。既然是由認知主體翻出，又回來規定吾人之主體，便使出發點之主體面臨了異化處境；其次，孫善豪認為牟先生是在定義中賦予本體一絕對精神實體或「純有」之意義，再以「本體論證」的方式證成本體之存在，並反過來規定主體；最後，他認為牟先生之眞正主體性，既需客觀性原則綱維之，復以仁「理」為其內容，則主體已被「客觀性的仁」所取代，眞正的主體已變成黑格爾筆下的奴隸，臣服於天命、天道、仁體、性體之下。作者認為孫善豪的反駁有以下疑點：首先，仁並非只是仁理（見註 24）。仁是能「覺」而「健」之即存有即活動的仁體。它與吾人主體不可分，是二而一的。至少我們必須承認在我們的主體自覺中，有仁心良知此一幅度。此外，道體下貫為人之性體固然是一不能檢證之客觀性綱維原則。我們可以反對此一原則，卻不能據此原則推論出主體之異化來。除非天道不具超越自存性，卻純由主體臆想出來。論及此，便進入對孫善豪第一、二項看法之辨正。牟先生在早期著作《認識心之批判》中，確實是由認知主體出發而翻出一「本體」概念，以作為道德與存在兩面之「超越的安立」。然而，依本文第一章對實踐優位立場之說明，牟先生之本體概念，主要並非由認知主體「智測地」臆想而翻出，卻更是由道德主體實踐的「逆覺體證」中所呈現。此外，為牟先生而言，「本體」是超能所關係的，它根本不能在定義中界定。所以，與其說牟先生是在「純有」的本體定義中，賦予了本體存在。不如說他是在智的直覺中體證了本體，再給予本體詮表之定義。又，牟先生曾自承其五十歲以前之作品較不可靠（見《中國哲學十九講》，頁 407）。並且，他亦承認《認識心之批判》一書寫作之時，許多洞見尚未參透（見《現象與物自身》，序言，頁 2）。孫善豪由《認識心之批判》一書中之認知主體翻出「本體」概念，並進而言主體之異化，似乎有欠公允。（所引孫善豪文，同註 24）。

　　爲何關於人性善惡之理論，會如此莫衷一是呢？朱子說：「論性，要須先識得性是箇甚麼樣物事」。〔註50〕可見，若吾人對於「性」乃至「善」、「惡」等字詞之意義，若沒有一個清楚的掌握，便難以避免誤解和無謂的爭論。難怪有學者指出「過去有關人性善惡之辯訟，不少便是起源於『性』字含義的雙關」。〔註51〕

　　本節論人性之善惡問題，首先作正名的工作，以確定論題之範圍；其次，再分別就人性中相關於善惡之因素，加以討論。

（一）何謂人性善惡問題

　　論人性善惡，基本上應就人性全體以論之。但人性全體並不一定每一層面均與善惡有關，故人性善惡的問題，亦應是就人性全體中與善惡相關的因素進行討論。以前節「論人性總持各面」而言，認知心就是與善惡無直接關係者，至若道德主體性與氣性，它們與孟子所謂的大體、小體有關，故是與善惡有關之人性因素。本節討論將就道德主體性與氣性兩面進行，以避免有所偏至的論人性善惡。

　　何謂善惡？善惡可以在本體（ontological）、物理（physical）、道德（moral）三方面來說。〔註52〕本節的討論，依牟先生及中國傳統儒家，將在道德上論人性善惡。道德上的善惡，事實上亦應分清「人的善惡」與「人性的善惡」之不同，否則亦易混淆論題。〔註53〕

　　人的善惡取決於人的自覺自決行爲，故與實現的道德實踐（actualized moral practice）有關。若一人自覺地有道德實踐，有了善的行爲，此人便是善人；自覺自決地不做道德實踐，有了惡的行爲，此人便是惡人。故論「人的善惡」，是就其行爲而言的。人性的善惡則不然，人性的善惡指人性各層面中能夠影響人之自覺自決之因素。故論人性的善惡，不是論實現了的行爲之善惡，而是論人性潛在固有的善端或根惡。〔註54〕

〔註50〕　朱子，《語類》，卷四，性理一。

〔註51〕　周克勤，《道德觀要義。下冊》（台北：台灣商務印書館，西元 1970 年），頁 122。

〔註52〕　論善惡之三範疇，見曾仰如，《形上學》（台北：台灣商務印書館，西元 1985 年），頁 113。此外，沈清松，《物理之後─形上學的發展》（台北：牛頓出版社，西元 1987 年），頁 151 亦有類似區分，惟意義稍不同。

〔註53〕　《道德觀要義，下冊》，頁 123～124。

〔註54〕　「善端」一名，出自孟子；「根惡」則見於牟先生《圓善論》第一章附錄論人

人的善惡問題，是一非常複雜深奧的問題。本節之討論，按以上說明，僅就人性中道德的善端或根惡加以探討。

（二）論人性中之善端——內在道德性

牟先生指出：「孟子說性善，是就道德心說吾人之性，那就是說，是以每人皆有的那能自發仁義之理的道德本心為吾人之本性，此本性亦可以說……是……『內在的道德性』。既是以『內在的道德性』為吾人之本性，則『人之性是善』乃是一分析命題」。〔註55〕

牟先生這段話，先規定「性」即指內在道德性，再肯定內在道德性是「善」的。自然會歸結出「人之性是善」是一分析命題。此一歸結稍嫌籠統。〔註56〕不過，依照本節對論題之說明，他的意思仍可以很清楚的被看成是：人性中有善端，此一善端即吾人之道德本心或內在道德性。

內在道德性如何作為人性之善端？它又如何的影響吾人意志之自覺自決？本文先體用分別地論內在道德性之性體與良知兩面。

陽明四句教中有所謂「無善無惡心之體」、「知善知惡是良知」。前句是指點性體之「體」；後句說良知，則是指點性體之「用」。性體的「體」何以是無善無惡呢？牟先生認為「無善無惡」並不是說性體是中性的，卻是說性體本身的「純粹至善」。〔註57〕他指出「〔性體〕之自體是無善惡相而為評判一切善惡者之標準。此即示相對而言的善惡之謂詞不是可以應用于〔性體〕之自體的」。〔註58〕依此，性體是超善惡相而為一切善惡之終極標準。這亦是何以它被稱為「純粹至善」之故。

次言良知。良知即性體自體之用，亦即「其自體〔之〕虛靈明覺」。〔註59〕牟先生認為性體自身「非死體，其自身全是一虛靈明覺之用，故良知之明即是此〔性體〕之自己」，兩者分別說是性體與良知，「其實一也……兩者〔皆〕屬

性中之根惡。

〔註55〕《陽明學是孟子學（上）》，頁12。

〔註56〕依牟先生思想，「內在道德性」可以被形上地視為是人性之本體，卻不能說它是人性之全體（見本章第一節（二）之討論）。又，「即本心以說性」固然可說是正宗儒家論性之進路特色，吾人卻不能以此含混籠統地說「人性全體是善的」。對「即心說性」之批評，亦見周克勤《道德觀要義。下冊》頁123。

〔註57〕《心體與性體（一）》，頁165。

〔註58〕《圓善論》，頁313。

〔註59〕同上註，頁314。

於超越層」。〔註60〕

良知之明即是知善知惡之明。牟先生認爲「吾人現實意念之發動即所謂作意或起意，有時是善的有時是惡的」，然而無論「意之動或善或惡，良知之明自然知之」。〔註61〕這就是良知何以能夠隨時起用、當機呈現，而爲人性善端之故。

良知性體如何影響吾人之自覺自決？良知明善惡是其一。其二便是本此「虛靈明覺之用」，它能夠在吾人意志上起一種應然自覺，此自覺本身即是體現天理「最後而根本的本質的動力」。〔註62〕以此動力爲基礎，推致而擴充之，便能使「良知之天理」彰顯于吾人之自覺自決及外在的行爲。

（三）論人性中之根惡

性體是「普遍的、先驗的，而且是純一的」，故其作爲善端之本身，是「定然的」純粹至善。〔註63〕然而，性體之表現，因與「氣稟」交雜一起，故不免「爲其所拘蔽，所染汙，因而成爲惡的表現」。〔註64〕準此，惡之根源似乎來自「有善的傾向，亦可有惡的傾向」〔註65〕而「善惡混」的氣性。

就氣性而言，牟先生肯定「人本生而就有種種差異之性向或性能」，因而表現「清濁厚薄，剛柔緩急」等種種不同之顏色。但是，是否生而即有之氣性便是「根惡」所在？是否氣性中天生就有一種的「惡性向」？

依牟先生對康德之疏解，氣性中固然可有惡性向，然而此惡性向卻不能說是生而固有者，亦即「生……並不是它的原因」。〔註66〕依此，氣性中有惡性向，但卻不是天生的。

「惡性向」既非天生，那麼，它由哪裡來？牟先生認爲「人之決意之採用此格言或彼格言就是善惡性格（性向）之所以爲如此者之原因」。簡單地說：「人自身就是其爲善惡性格（性向）之……造成者」。〔註67〕

何以牟先生認爲惡性向並非天生，卻是人自身造成的？首先，氣質所天

〔註60〕同上註。

〔註61〕同上註。

〔註62〕同上註，頁 32。

〔註63〕《心體與性體（一）》，頁 123。

〔註64〕《心體與性體（二）》，頁 165。

〔註65〕《才性與玄理》，頁 9。

〔註66〕《圓善論》，頁 66。

〔註67〕同上註，頁 67。

生稟受的自然性向「（與）惡無直接的關涉」。〔註68〕故不能說天生的性向是「惡之根源」或說惡性向是天生的。其次，人是具內在道德性及自由意志的主體。因此，無論人對自己之行爲所作的自由決定是好是壞，人都必須自己負責。此亦是「自由意決」之眞正意義。否則，若人無此自由意決，「人便不可被咎責」。〔註69〕

肯定了人對自己之自由意決需負責，則可以進一步的說：若氣性之惡性向「不源自格言之採用，自由之使用」，卻源於它自身天生之「自然衝動」；那麼，這就是一種命定說。既是命定如此，「則人不可咎責」。但是，「人之性向相應于決意之善惡而成爲善的性向或惡的性向必須是經由引導而爲人所習成的，因此，人對之須負責」。〔註70〕故「言氣性之善惡必掛勾于格言之採用，自由之使用」。〔註71〕

問題是：惡性向如何根源於人之自由呢？牟先生引康德語而指出「人性中性癖于惡之性癖之存在〔雖〕可藉賴著經驗，從人之決意與道德法則間的時間中之現實敵對，而被證明，然而這種證明並不能把此性癖之恰當本性以及此敵對之根源告知我們」。〔註72〕換句話說，雖然我們可以確定惡性向是自由決意所接納而習成者〔註73〕（否則，它便不能被咎責）。但是，「其被接納之主觀根據或原因不能再進一步爲吾人所知」。〔註74〕吾人僅知「此性癖是如此之深地植根于自由決意中以至于它必須被說爲是自然地被發現于人之生命中者」。〔註75〕

總之，人性之根惡不能被說成是先天之氣性上即有之自然性向。惡性向必須以某種未知的方式關聯於自由意決而托出。以上所論可以說是對根惡之

〔註68〕 依牟先生疏解，天生的「自然性好」並不能說是「惡之根源」。因爲它雖可提供給惡一機緣，它亦可爲「道德品質之展現其力量」提供機緣。故天生之性好與惡無直接關聯。見《圓善論》，頁97討論。

〔註69〕 《圓善論》，頁67。

〔註70〕 同上註，頁77。

〔註71〕 同上註，頁70。

〔註72〕 同上註，頁99。

〔註73〕 依牟先生之疏解，所謂「惡性向是習成的」，不是指「在時間中被習得」。見《圓善論》，頁66～75，又，本文可以同意根惡具內在因素且此內在因素不易知。但不能完全同意此內在因素乃由「自由決意所接納而習成」的理由：若不如此則人不必自負其責。蓋，若根惡之內在因素乃天生之「自然衝動」，固然人不必對之負，但人對其天性之不必負責，並不妨礙其對自己自由意決之負責。

〔註74〕 同上註，頁75。

〔註75〕 同上註，頁98。

人性內在因素之探討，接下來我們處理根惡之人性外在因素。

　　孟子雖言性善，對於「惡」，亦有其獨到見解。孟子如何看待「惡」之根源？依牟先生疏解而一言以蔽之，即「外勢使然」。

　　在告子篇「湍水之喻」中，孟子指出人之可以為不善，猶如水之可以在山，皆是「其勢則然」。〔註76〕

　　人何以為不善？牟先生認為人之不善是人為的（荀子以善為人為），是「由于陷溺其心或放失其本心而然」。〔註77〕然而，本心如何會放失陷溺呢？孟子指出人「所以放其良心者，亦猶斧斤之于木也」，〔註78〕他又說「耳目之官不思而蔽於物，物交物則引之而已矣」。〔註79〕可見本心之放失陷溺，在於「斧斤」、「外物」之交引拘蔽。這也就是所謂之「外勢使然」。

　　然而，稍加反省便知道：將惡之起源說成是外勢使然，馬上會引起一循環之難題。此即：究竟是人蔽於物而不思？抑或是不思而蔽於物？〔註80〕以前者來說，若人之不思是由於物蔽之，問題並不能解決。蓋問題可以推前一步提出：何以人會蔽於物？以後者來說，若人蔽於物是由於不思，則問題本身更不能解決。蓋既將惡之起源視為外在，又說人之蔽物是不思（內在）豈不落于一循環之中？

　　依此，本節之結論不得不又轉回對人性內在之根惡因素之注意了。總之，在牟先生疏解孟子與康德的根惡思想中，由前者吸收了根惡之外在因素；由後者則消化了根惡之內在因素。雖然根惡之內在因素顯得「不可測度，難以透視」，〔註81〕然而較之外在因素，它更是人之所以為不善之「終極的主觀根據」。〔註82〕

第三節　自律與他律

　　本節論「率性之謂道」所引發的最後一問題：即道德究竟是自律或他律的？

〔註76〕同上註，頁3。
〔註77〕同上註，頁26。
〔註78〕《孟子》，告子篇牛山章。其疏解亦見《圓善論》，頁32～36。
〔註79〕同上註，告子篇大體小體章，疏解見《圓善論》，頁50～53。
〔註80〕將惡之根源僅歸於外勢所引起之難題，傅偉勳亦曾指出。詳見《儒家思想的時代課題及其解決線索》。
〔註81〕《圓善論》，頁76。
〔註82〕同上註。

（一）自律、他律之兩層意義

在進行本節討論之前，我們先確定自律（Autonomy）與他律（Heteronomy）的意義。

自律與他律的第一層意義，可以稱爲是動機上的自律他律（Autonomy/Heteronomy of motivation）。若一道德行爲只以善的意志爲動機，則是動機上的自律；相反的，若以善的意志以外之其他目標爲動機，則是動機上的他律。〔註83〕

第二種意義的自律、他律是法則上的自律他律（Autonomy/Heteronomy of moral principles）。這一層意義的自律他律是對道德法則之爲主觀性或客觀性之規定。若以道德法則爲內在於道德主體，由道德主體「自己立法」者，稱爲法則上的自律；若以道德法則在主體之外，由存有秩序或某種超越根源所規定，則爲法則的他律。此一層意義的自律他律問題，以一個更大的脈絡——價值論來說，亦即價值是主觀或客觀的問題。

（二）論動機的自律是真正的道德動機

依牟先生對康德之疏解，若行爲的動機是他律的，亦即以善之外的其它目標爲對象，則「善只能在對某種別的東西……爲工具中被尋求」。〔註84〕在這樣的情形下，「善必總只是有用的」工具，〔註85〕而不是目標本身。然而眞正的道德，卻應該以善本身爲對象而追求之。故動機之他律「分析地說」便不是道德的。

舉例而言，一個動機他律的人會說：「我不應當說謊，如果我想要保存我的信譽」。〔註86〕在這句話中，「不應當說謊」固然是善的（一般地說），然而此善只是一工具，用以保存信譽。故此人之動機只是他律，而沒有道德上的善。

依牟先生疏解，康德從三個層面論他律動機的非道德性：

首先，最相反道德的，是以「私人幸福底原則」爲行爲之動機。「這不只是因爲它是假的，而經驗亦與『榮華富貴常正比於善行』這假設相衝突；又亦不只是因爲它對於道德的建立無所貢獻——因爲作成一有福祿之人與作成一善良之人，或使一人謹慎精察於其自己之利益與使他爲有德，這完全是不

〔註83〕 參考《西洋哲學辭典》，自律條下，頁53。
〔註84〕 牟先生，《康德的道德哲學》（台北：學生書局，西元1982年），頁209。
〔註85〕 同上註，頁208。
〔註86〕 同上註，頁86。

同的事」。〔註 87〕更重要的，「私人底幸福原則」「只教導我們去作較好的計算」，至於德或不德並無關宏旨。故「它所供給於道德的動力（興發之力）毋寧反是暗中敗壞它，而且破壞了它的莊嚴性」。〔註 88〕

第二種他律動機是以「道德情感」為動機。此種動機較之「私人底幸福原則」「尚是彌近於道德及其尊嚴性的」。然而，「情感之為物，它天然在程度上有無限地差別變化」，故「對於善與惡不能供給一統一的標準」。〔註 89〕此外，依康德嚴格主義的看法，道德情感是吾人對於道德法則之意欲或興趣。法則是興趣之提前，反之不然。此即：不是因為道德法則「使我們感興趣，它才對於我們有妥實性」：卻是因為「它對於作為人的我們是妥實的」，才「使我們感興趣」。〔註 90〕準此，若吾人以道德情感之滿足為行動動機，則「必使實踐理性依於感性上」而為他律的。〔註 91〕

最後一種他律動機是以「神意」為基礎的他律動機。這裡所謂以神意為基礎，並非以神意為道德法則之根源。以神意為法則根源是「法則的他律」，這是根本不可能的。蓋吾人「對於神的圓滿並無直覺，我們只能從我們自己的概念中，把神的圓滿推演出來，這樣，我們的說明必陷於一惡劣的循環中」。〔註 92〕依此，所謂「以神意為基礎」，只能是指動機上「使我們的意志蜷伏模糊于那『可怕的威權與報復』中或『榮耀與統治』中」。〔註 93〕此是動機之他律，「而凡建築在這基礎上的任何道德系統必直接相反於道德」。〔註 94〕

總之，不論哪一種動機之他律，基本上都是在「趨利避害」的原則下而有之行為動機。如此之動機與「趨善避惡」是不相干的，甚至與之相違。反

〔註 87〕《心體與性體（一）》，頁 125。

〔註 88〕同上註。

〔註 89〕同上註。

〔註 90〕同上註，頁 151。

〔註 91〕所引同上註。又，牟先生認為康德的「道德情感」比較是「董仲舒一類所說的由氣性、材質之性而發的仁愛之情。這樣的道德情感是實然層面者，自然只能是他律的。但道德情感亦可以上提至超越層講，例如「孟子所言的心性：其中惻隱、羞惡……等是心，是情，也是理」。在此處講的道德情感是「意志因果性」的本質「興發之力」，它是即心即理的，心情理不可分者。如此而言之道德情感便不能再說以之為動機是動機之他律。（所引牟先生語，見《心體與性體（一）》，頁 126～127）。

〔註 92〕《康德的道德哲學》，頁 89。

〔註 93〕《心體與性體（一）》，頁 132。

〔註 94〕《唐德的道德哲學》，頁 89。

觀動機之自律，它「抽離一切對象……以便實踐理性可不受制於或限於去計較（或侍奉）一個『不屬於它自己』的那利害問題」，〔註95〕而只以善爲首要目標來追求。〔註96〕這樣，一個動機自律者會說：我應當如此如此做，只要它是道德的定然律則，縱使我並不願望任何別的事。〔註97〕準此，眞正的道德應表現在動機之自律。

（三）論法則的自律是道德律的本質

依前段結論，眞正的道德動機應該以道德的善爲行爲之首要動機。然而道德的善在哪裡？善的法則是在主體內或是主體外？牟先生主張動機的自律，亦肯定法則的自律。本文以下從他對（1）孟告義內義外之辯；（2）朱陸「心之窮理即理」之不同；以及（3）康德的意志自律自立法性等之疏解，分別論之：

1. 從孟告義內義外之辯論仁義內在

孟告之辯中，孟告二人對仁義等道德價值是在外抑或在內，有不同的見解。告子主張仁義「隨客觀事實而定，故謂之外」。〔註98〕例如一人比我年長，我就應當長之。這種「長之」之義「是由客觀事實而定」。客觀事實既在外，故此「應當之義」亦是在外。

孟子則相反。「孟子的主要目的是在表明……仁與義皆是內發，皆是道德理性底事」。〔註99〕以「年長則長之」而言，年長固是客觀事實，吾人不得不肯認之。然而「義」之所在並不在於肯認其爲長（長之），卻在於對年長者的敬。「敬」就不是主體之外的事。而且，「應當施敬」的「應當」亦不能由主體外之客觀「事實」所導出。

「應當」既不能由「事實」導出，那麼，它是從何而來？孟子告公都子說：「敬叔父乎？敬弟乎？彼將曰：敬叔父。曰：弟爲尸，則誰敬？彼將曰：敬弟」（孟子告子篇）。這段話乍看之下，亦似乎「敬之義果然是外定的」，蓋「敬」是「如此隨外而轉」。〔註100〕然而，依牟先生之疏解，「客觀外物」並無一「敬」或「義」「擺在那裡」。相反的，「敬之施〔卻〕全由內心之裁決而

〔註95〕同上註，頁86～87。

〔註96〕依康德對動機自律之看法，則非但道德行爲應以善爲首要動機，根本該以善爲唯一動機。詳見《西洋哲學辭典》，自律條下。

〔註97〕《康德的道德哲學》，頁86。

〔註98〕《圓善論》，頁15。

〔註99〕同上註。

〔註100〕同上註，頁17。

然」。〔註101〕其中的「內心」即「能決定義理之當然」之本心。〔註102〕故「應當」是由主體內在導出的。

義理之「應當」由主體而規定，此即「仁義內在」一語之實義。亦即本文所稱之道德的「法則自律性」。總之，倫常關係固是一「客觀關係」，但其中的「親親之殺」、「尊尊之等」，卻是「本諸人類的道德心靈而如此規定」的。〔註103〕此外，道德心的同一性（人同此心，心同此理）復保證了自律法則之普遍性。〔註104〕依此，「天理從性發，不從對象立」。〔註105〕這樣的之天理是主體的，故是自律；亦是普遍的，故是必然的道德法則。言普遍之道德法則由主體而立，便是道德的法則自律性。

2. 從朱陸窮理即理之不同論道德的自律性

「朱陸異同」是一很複雜之課題，〔註106〕本文僅就其相關於道德之自律他律問題論列之。

依牟先生疏解，伊川朱子講「性即理」而不講「心即理」。心不即理故須「即物而窮理」。窮理包含兩個層次。一是窮「事象之曲折之相」〔註107〕或「形構之理」；一是窮「超越的存在之理」或「太極之理」。〔註108〕兩層之理皆須窮是伊川朱子「道問學之積極意義」。〔註109〕當然，程朱之道問學仍以尊德性爲本，故「終極目標在窮存在之理」。〔註110〕然而，窮形構之理仍有其意義。以過程而言，由一形構之理引至存在之理便是必要的。「若不究知形構之理，〔則〕不能眞切地上至存在之理」。〔註111〕此外，就存在之

〔註101〕同上註。

〔註102〕同註99。

〔註103〕《圓善論》，頁18。

〔註104〕關于普遍性，本文第一章曾作過討論。依牟先生，「心之所同然者之普遍性是嚴格的普遍性」。請參閱《圓善論》，頁30；《心體與性體（一）》，頁100～115。

〔註105〕《圓善論》，頁184。

〔註106〕《心體與性體（一）》，頁49。又，依牟先生，「朱陸異同」實可擴而言伊川朱子與象山陽明之異同。本文爲方便起見，仍以朱、陸爲代表統稱之。

〔註107〕《從陸象山到劉蕺山》，頁9。

〔註108〕「超越的存在之理」見《心體與性體（一）》，頁109～112討論。與之同義之說法尚包含「豁然貫通之理」、「存有論的最高實有之理」等，語見《從陸象山到劉蕺山》，頁9。

〔註109〕《心體與性體（一）》，頁110。

〔註110〕同上註，頁111。

〔註111〕同上註。

理的發行而言，「若不知形構之理，則存在之理亦下不來」。蓋「存在之理貫注于形構之理，如水銀瀉地、無孔不入，如是方能盡其『使然者然』之具體的任務」。〔註112〕

但是，不論形構之理或存在之理，此中之「理」都是「外在之理」而與心成「認知的對立」關係。〔註113〕「理經由心氣之靈之認知活動而攝具之，內在化之，以成其律心之用以及心之如理」。〔註114〕故心與理不得視為一。即使心理一如，「其為一是關聯的合一，不是本體的即一、自一」。〔註115〕

依此，程朱之「心理為二」，心必須窮外理以如之。牟先生稱此為「順取之橫攝系統」。其所成之倫理即「本質倫理」。〔註116〕本質倫理之道德法則正是「基於『存有論的圓滿』」而有的他律法則。〔註117〕

象山陽明講「性即理」，也講「心即理」。「心即理」之心理為一不同於理氣為一、道器為一乃至于形上形下的一。後者的「一」，「皆是圓頓之一」，這是「在變中見不變」的一。〔註118〕心理為一則是「說體自身」，是「概念斷定語句」的一。〔註119〕故「心即理非謂本心即於理而合理，乃『本心即是理』之謂」。〔註120〕

然而，心是心，理是理。本心如何即是理呢？依語言分析來看，無論如何，心與理是具對立關係的，不能硬說它們相等。因此，「心即是理」不能就語言表面理解之。牟先生指出：「心」是吾人之道德性體「自其通過『對其自己』之自覺而有真實而具體的彰顯呈現而言」。〔註121〕亦即陽明所謂「良知之昭明靈覺」。「理」則是天理，是心之自覺之「當然而必然處」，由道德性體「所自發」而「彰顯呈現」於本心之上。由此可見，「心理為一」是性體自身之同一。故「心即是理」即「心體即是理體」之謂。

心體是理體，則吾人只要反求諸己便能即心見性、掌握本心性理。牟先

〔註112〕同上註。

〔註113〕《從陸象山到劉蕺山》，頁10。

〔註114〕《心體與性體（一）》，頁86。

〔註115〕同上註。

〔註116〕同上註，頁59。

〔註117〕《從陸象山到劉蕺山》，頁10。

〔註118〕《心體與性體（一）》，頁135。

〔註119〕同上註。

〔註120〕同註117。

〔註121〕《心體與性體（一）》，頁42。

生稱此爲「逆覺之縱貫系統」。其所成之倫理爲「方向倫理」。〔註122〕方向倫理之道德法則既是由本心所自發，故是「基於心性論之圓滿」的自律法則。

依牟先生，他律的道德法則不是眞正的道德法則。以程朱之「理」而言，無論「形構之理與存在之理皆所以律吾人之心氣者……此一系統一切行爲活動只要是順理即是道德的」。〔註123〕然而，「道德的本義，並不是只要順理即是道德」。眞正的道德在於「心之自主、自律、自決、自定方向」。否則，若只求「心氣……完全凝聚于理上而順理」，則只是「唯智主義的他律道德」，其道德義根本有所「減殺」。〔註124〕

其次，他律道德中「理」之「當然」，「提不住道德上的『應當』」。此即前文所謂「客觀之實然導不出主體之應然」。然而，在伊川朱子系統中，「存在之理之『當然而不容已與所以然而不可易』」與「形構之理」此一「實然而定然之系統」，卻決定了「應當之系統」。「此是以存有〔來〕決定善」、以實然決定應然，〔註125〕故是道德之根本虛歉。

總之，道德必須從吾人道德創造之眞幾性體上說。它是即活動即存有者，其「活動是心……存有是理」；其「心之自主、自律、自決、自定方向」是「心理爲一」之彰顯呈現。心理爲一則不致減殺道德。且心所自決之「應當」亦「眞能提得住、保得住道德上之應當」。〔註126〕依此，牟先生肯定眞正的道德應是象山陽明「即心即理」之系統所表現之自律道德。

3. 論康德的意志自律自立法性

論動機自律時本文曾提到康德認爲「私人幸福底原則」、「道德情感」及「神意」不能作爲道德之動機。以道德法則而言，爲維護法則的「普遍性與必然性」，康德更進一步認爲道德法則「不能從經驗建立」、「不能從範例引申」、亦不能從「『人性底特殊屬性』、『人類之特殊的自然特徵』……（等）推演」。〔註127〕卻只能由「意志底自律」（Autonomy of the will）自己立法以保證之。牟先生指出「最純淨而能保持道德自性的道德法則必須是意志底自

〔註122〕同上註，頁59。
〔註123〕同上註，頁111。
〔註124〕以上所引俱見于《心體與性體（一）》，頁111。
〔註125〕本段所引同上註，頁111～112。
〔註126〕同上註，頁112。
〔註127〕同上註，頁124。

律，即意志自身給它自己立法」〔註128〕者。此意志之自律自立法性，「亦即是象山所說的『心即理』，王陽明所說的『良知之天理』」。〔註129〕

不過，康德的意志自律性在牟先生看來，「只是一套空理論」。〔註130〕因為意志自律是以意志自由為基礎，而康德講的意志自由只是一「必要的假定」、「設準」，〔註131〕卻不是一「眞實的呈現」。

依牟先生思想，「本心之自律與自由乃是一具體而眞實的呈現」。〔註132〕康德不能至此，是因為他只是以知識的進路逼進之，故只能講到「理上該當如此，至于事實上是否眞實如此，則非吾人所能知」。〔註133〕

然而，吾人何由確立此自律道德之根基——意志之自由呢？牟先生認為「這樣的意志自始就必須被肯定是眞實、是呈現」。〔註134〕而後，在吾人道德踐履之「實踐的過程中步步證實其為眞實為呈現」。此即第一章所謂的「實踐優位立場」。牟先生即是以此立場超克康德知識進路之所未逮。〔註135〕

綜合本節各部份討論，牟先生由孟子的「仁義內在」、陸王的「心即理」及康德的「意志底自律」，肯定地指出「道德而非自律便是道德之否定……道德不能是他律，不能不是自律，因此『道德是自律』是分析命題」。〔註136〕

（四）對自律與他律之終極反省：圓教一本之自他一如

牟先生對道德自律性之肯定並非毫無疑義。首先，人是「心物合一」的存有。作為理性存有的「我」不只「屬于智思界而當作一智思物而存在」，亦是「屬於感觸界」〔註137〕而應當作一感觸物而存在。若只將「我」視為是「智思物」或「感觸物」，則「自由」與「自然」在這樣的「我」上必因二律背反而不可能。〔註138〕然而，依知識進路吾人可得知「基於自然因果性」的「自

〔註128〕同上註，頁130。
〔註129〕《圓善論》，頁30。
〔註130〕《心體與性體（一）》，頁135。
〔註131〕同上註，頁134。
〔註132〕《從陸象山到劉蕺山》，頁11。
〔註133〕《心體與性體（一）》，頁133。
〔註134〕同上註，頁137。
〔註135〕同上註。牟先生此一說法嫌牽強。蓋意志自由如何能自始即被肯定？此外，康德亦不只是以知識進路逼進意志自由，否則他何須提出實踐理性？
〔註136〕《圓善論》，頁133。
〔註137〕同上註，頁204。
〔註138〕同上註。牟先生指出「自由與自然如同屬于一感觸界中之主體，則必衝突，而自由不可能」；同理，吾人亦可指出，若自由與自然同屬於一智思界中之主

然我」是眞實的；依道德進路吾人亦知「基於意志因果性」的「自由我」並非虛妄。準此，則「自然我」與「自由我」皆爲眞實而可能，故眞正的「主體我」是「屬于兩界」者。牟先生只由意志因果性講人之自律自由，似乎不能說明人之「自然我」依於自然因果性之「動轉」或「命限」而有之依他性。

人在自然因果中之「動轉」或「命限」之依他性，並不直接妨害人作爲「智思物」或「價值存有」之道德自律性。然而，人之「自然我」幅度與「此一『自然我』是生存於大宇宙之客觀秩序中」的事實，卻蘊函了道德的自律性（指法則者），不能是絕對的自律性，而必須是相對的自律性。〔註139〕以孟告義內義外之辯而言，牟先生指出客觀事實中並無仁義等價值「擺在那兒」。吾心之所以能隨處境之不同而有不同的道德表現，乃由於「內心之裁決」。他即以此「內心之裁決」肯定「仁義內在」之道德自律性。然而，此一肯定並不能充分的說明內心是「如何」裁決的。蓋內心之裁決並非任意爲之，它是「因處境不同」而自己裁決者。只言後半部之「自己裁決」，固可以說到意志底自律；但是忽略了前半部之「處境不同」，似乎便忽略了意志立法性之客觀因素。

以價值學而言，主張「道德價值是絕對的自律」是一種價值的主觀論。按西方價值學所指出，「價值似乎具有一種正相反的性質（an antithetical nature）……它不能與經驗性質分開，又不能化約爲經驗的性質」。〔註140〕同樣的，價值不能脫離主體而獨立，亦不能被視爲只是「主體的產物」。綜而言之，價值是整合了主客體復超越了主客體的一種「完成性質」（Gestalt property）。〔註141〕

　　體，則必矛盾而使自然不可能。

〔註139〕依牟先生思想，道德的自律與他律是不容中的：道德不是自律的，便是他律的。作者認爲此一想法是否成立，需看它是就那一層面之自律他律而言。以道德動機來說，作者同意自律與他律是不容中的，故一說自律他律便是絕對的自律他律，而無所謂「相對的自律他律」。但若就法則而言，若不預設牟先生之形上信念，則道德法則是同時具主客觀因素的，故不能說絕對的自律或他律。

〔註140〕Risieri Frondizi，"What Is Value? An Introduction to Axiology"。說引中文見黃藿中譯本：《價值是什麽？》（台北：聯經出版事業公司，西元 1984 年），頁126。

〔註141〕有關「完形性質」，請參閱上註及同一作者之另一著作《自我的本質》"The Nature of the Self"（New Haven: Yale University Press, 1953），pp.163～74。此外，亦有人以「天命之謂性」指出道德法則不能是絕對的自律者，詳見《西

　　對於以上「價值主觀論」的批判，牟先生將如何答覆？這就談到了牟先生「圓教一本模型」的終極洞識。此是本章結束前最後一個論題。

　　牟先生的終極洞識，即本文第一章所指出之「一心開二門」。一心開二門不僅將存在界與價值界的根源視作同一形上實體，更將此形上實體具體形著化為吾人之本心性體。因此，本心性體上通於形上實體而為「貞定萬事萬物之自性原則及其存在」之存有論實體，同時亦是起道德創造之創造真幾。依此洞識，不僅道德自覺之「應當」是由本心性體所自發，即連「存在之理之當然不容已」之「當然」亦是以本心性體為終極根源。此時，「應當」與「當然」、「自由」與「自然」乃至「主觀」與「客觀」便在此「一本」之圓教模型下「相鎔融，相滲透」。自律與他律也就不如此成對立之「限定相」，而隨「無限心之如如流行」〔註142〕呈現出自他之一如一本。

　　　洋哲學辭典》，自律條下。
〔註142〕《現象與物自身》，頁 455。

第四章 修道之謂教——論實現人性之自力他力

　　本章論實現人性的工夫。標題「修道之謂教」可以有兩層意義。一是指內聖方面的修己之德；一是外王方面的成人之教。〔註1〕本文既以人性論之探討為標的，故只就內聖一面討論。當然，這並非說內聖不需外王，事實上，內聖並「無隔絕人世獨立高山之頂之內聖」。〔註2〕實現人性之修養工夫亦必需在一社會脈絡中「己立立人、己達達人」才能踏實。但是，在今天多元分工的時代中，「外王」實是一具高度獨立性之社會實踐（social praxis）。此一社會實踐所應包含的「政道與治道」等實踐「工夫」，已遠非人性理論之成德「工夫」所能涵蓋。故本文不涉獵之。

　　當然，無論「外王」具有多麼高的獨立性，它仍必須是「根據內聖方面之道德禮樂之本，再撐開逆之以建立……之『事功之道』」。〔註3〕此即「內聖為本為體，外王為末為用」〔註4〕之本意。惟吾人應將此「內聖為本、外王為末」理解為：道德兵值對事功之施行，知識之探求，具有一種主導性、規制性的地位。卻不宜將政治事功、知識探求一昧視為是道德生命之無限延長。〔註5〕

〔註1〕「修道之謂教」之內聖外王兩層意義，牟先生均曾提過。前者如《圓善論》頁306：「……凡能啟發人之理性，使人運用其理性從事于道德的實踐……以達到最高理想之境者為教」；後者如《心體與性體（一）》頁237：「……『修道之謂教』者，是將道修之于家國天下而成教」。

〔註2〕《圓善論》，頁167。

〔註3〕《政道與治道》，頁23～24。

〔註4〕《心體與性體（一）》，頁263。

〔註5〕勞思光曾指出傳統儒家有以內聖涵蓋外王之泛道德趨勢。這一現象並不能用

　　釐清了本章之論題：實現人性之內聖工夫。接下來要問的問題是：何以吾人需要內聖工夫。

　　這一點可以從消極與積極兩方面來看。先說消極面的理由。

　　首先，本章標題所含之「實現人性」一語，暗示人性並非一現實完成的事物，人性是潛能與現實的一種動態地混合，具有不斷向上開展的可能性。〔註6〕言其具有「向上開展的可能性」，就表示人性中有許多尚未開展、尚待實現的因素。這些因素可以稱為消極因素。因為有這些消極因素，故吾人需要內聖工夫以化解之，從而實現人性之正面德性價值。

　　牟先生曾指出「天命之性……形成人的光明本體，但是單有本體不足恃，仍須倚賴後天的修養工夫」。〔註7〕這是因為本體「在氣質裡面受了限制」，未能完全開展。而氣質又是「有清有濁」，有善有不善。故若欲實現吾人之本體，則必須有工夫，以「克服或轉化我們之氣質之不善不正者」。〔註8〕此外，所謂「人心惟危、道心惟微」，亦表示吾人須有「惟精惟一之工夫」以超克人心之危而「貞定其道心」。〔註9〕

　　以上是吾人需要內聖工夫之消極因素。積極因素則是因為人之所以為人之「最高目標是聖、是仁者、是大人」。〔註10〕蓋實現人性之向上開展不能有極限，它必須通于無限而後已。成聖成仁之真實意義即「于個人有限之生命中取得一無限而圓滿之意義」。〔註11〕依此，個人雖有限，然而因道德實踐「所依據之實體……無限」，〔註12〕故人在成德以達內聖的實踐中，雖有限而亦可上通無限了。

來說牟先生。牟先生在《政道與治道》中很清楚地指出：理性之「運用表現」固有以成就德化政治，然而僅靠「運用表現」並不足以成立一切制度及事功。惟有將理性之「運用表現」轉為「架構表現」，或將道德理性坎陷為觀解理性，才能「曲通、曲成」地開出內聖外王之道。詳見《政道與治道》，頁46～62；及勞思光，《中國哲學史（三上）》（香港：友聯出版社，西元1980年），頁77。

〔註6〕　傅佩榮，《人性向善論》，文收於《哲學與文化》第十二卷六期，頁25～30。

〔註7〕　《中國哲學的特質》，頁23。

〔註8〕　以上所引俱同上註，頁69。

〔註9〕　《心體與性體（一）》，頁284。

〔註10〕　同上註。頁6。

〔註11〕　同上註。

〔註12〕　同上註。此語是說人性之實現以達到無限為目標。人如何達此目標在於盡性而復性。蓋性乃天命實體所下貫，天命實體是無限，故性亦無限。性既是道德實踐之根據，盡之復之之道德實踐便使人有限而無限。

　　縷述了本章探討之範圍及實現工夫之必要性，以下轉入對內聖工夫內部義理之討論，本章的討論將以自力他力爲樞紐觀念而進行。

　　自力是指依靠自己本身的力量或努力以爲實踐之工夫。本章分「依己之自力」與「依他之自力」兩節來探討自力工夫。依己與依他之分，悟自牟先生「有取與無取之別」。〔註13〕蓋同是自力，可以是自力地有取於外，亦可以是自力地無取於外。無取於外者視「理」在內而具法則之自律性。故其工夫既是自力，亦是依己，本文以「依己之自立」名之。有取於外者視「理」在外而具法則之他律性，其工夫雖仍是自以爲力，卻有所依他。故以「依他之自力」爲名。

　　他力則是指在進行道德實踐時，依靠自己本身之外的力量。本章以一節論之。最後，再以一節綜論自力他力。

第一節　依己之自力：逆覺工夫

　　牟先生指出「言工夫，一般人都易以爲始自宋儒。其實孔子要人做仁者，要人踐仁，此『踐仁』即是工夫」。〔註14〕依此，實踐工夫可以溯源至孔孟，依己之自力工夫更是以孔孟內聖成德之教爲宗。本節以（一）孔孟的踐仁盡心；下貫至宋明儒（二）五峰蕺山之逆覺、愼獨；（三）象山陽明之一心朗現，來論列工夫之依己自力。

（一）孔孟的踐仁盡心

　　孔孟的踐仁盡心，分別說即是「踐仁知天」與「盡心知性知天」。踐仁與盡心知性皆屬於「成德的事」，是工夫實踐之過程；知天則是「生命之上達而通於絕對的事」，〔註15〕是終極境界之指點語。以下先論孔子。

　　孔子講「踐仁知天」表示仁與天之間有一定之關聯。牟先生據中庸「肫肫其仁，淵淵其淵，浩浩其天」，認爲「仁心仁道之深遠與廣大而與天爲一」〔註16〕是「孔子意之所函與所許」。〔註17〕他又認爲「宋明儒尤其如明道者以〔其〕眞實生命如此呼應之」，遂視孔子的仁乃中庸天命之所下貫，「遂直視

〔註13〕《生命的學問》，頁8～20。
〔註14〕《中國哲學的特質》，頁70。
〔註15〕《圓善論》，頁308。
〔註16〕《心體與性體（一）》，頁23。
〔註17〕同上註。

仁與天爲一矣」，〔註18〕亦「未始非孔子意之所函與所許」。

　　依牟先生如此之疏解，孔子的「仁」即一具覺、健特性之仁體。此仁體與天通而爲一並內在於人性。「與天爲一」提挈綱維了它的無限超越性；「內在於人」復使它成爲道德踐履之人性基礎。人而有此踐仁之人性基礎，需隨其當機呈現而時時「逆覺體証」之即可。所謂「逆覺體証」便是依己之自力工夫之「大體規模」。〔註19〕

　　「孟子盡心知性知天……乃相應孔子原有之規模而充分展現之者」。〔註20〕以工夫而言，其中「盡字重，知字輕」，知是「印証義」的實踐之知，〔註21〕焦點放在盡心之實踐上。

　　如何盡心？孟子引孔子語說：「操則存，舍則亡」。他自己亦明言：「心之官則思，思則得之，不思則不得也」。〔註22〕這兩句話，前者「以操存與否定心之存亡」，後者則「以思不思定心之存亡」。〔註23〕牟先生認爲「操存是工夫語」，心官之思則是「操存底可能之內在的動力，即其最內在之根據」。〔註24〕因此，盡心之主要工夫在于內在之操存，而不在外在的順理。求放心亦是在心官之思上求，而非求之於外。

　　盡心既是內在操存之工夫，故是自力的工夫。而其所求心官思之之得，亦是得之在我而依己。依此，由孟子之盡心與「求之在我」，吾人已可見依己之自力工夫之「內在本質」。〔註25〕

（二）五峰、蕺山之逆覺、愼獨

　　依牟先生之思想，宋明儒分三大系。五峰蕺山承「濂溪、橫渠而至明道之圓教模型而開出」，〔註26〕是三系之一。此系客觀面以易庸爲主而講性體；主觀面則由論孟開出講心體。終極地說，此系是由客觀面回歸主觀面，以主體面之「以心著性」義，闡明心性爲一、主客一本之圓教思想。工夫上則由五峰「正

〔註18〕同上註。頁 22～23。
〔註19〕《圓善論》，頁 308。
〔註20〕同上註。頁 310。
〔註21〕同上註。頁 132。
〔註22〕以上所引，俱見于孟子〈告子篇〉。
〔註23〕《圓善論》，頁 51。
〔註24〕同上註。
〔註25〕《心體與性體（一）》，頁 5。
〔註26〕同上註。頁 49。

式言『逆覺體証』……以爲道德實踐之本質的關鍵……工夫」。〔註27〕

1. 五峰之逆覺工夫

五峰說：「欲爲仁，必先識仁之體」。〔註28〕識仁體之工夫即在「逆覺體証」。〔註29〕

何謂逆覺體証？先從本心之陷溺放失說起。大凡一個現實中人，若未超凡入聖，即時有本心陷溺放失情形。陷溺放失可以是輕微的，如舜之在深山，只是一種「不覺之溺」；亦可以是至惡地陷溺於利欲之間多所不仁。

但無論是如何之陷溺，「良心亦未嘗不隨時表露」。〔註30〕此即所謂「良心之苗裔因利欲之間而見者也」。〔註31〕依此，良心既隨時表露而有種種發見之端，吾人從溺中覺此端倪而「當下體証良心之本體，即本心之自體」，〔註32〕便是「逆覺體証」。

進而言之，逆覺體証並不只是體証「本心之自體」，更是本此體証，「操而存之，存而養之，養而充之，以至於大，大無不已，與天同矣」。〔註33〕由此以觀，五峰之逆覺工夫，先是使人返而識仁體以復其本心，再自覺地「充盡……彰顯仁心之……『與天地萬物爲一體』」。〔註34〕如此之工夫，先是肯定仁體在己，故需返而識之。一旦識之，更依自力操養擴充。此正是依己之自力工夫典型。

2. 蕺山慎獨之學

劉蕺山是「宋明儒中最後一個消化者」，他與五峰「一頭一尾」，相隔甚遠，「然而不謀而合」，故牟先生「正式列胡五峰與劉蕺山爲一系」。〔註35〕

牟先生判蕺山學爲「以心著性，歸顯于密」。〔註36〕

「以心著性」，「先特設性天之尊，分設心性，以言形著關係」，及其歸，

〔註27〕同上註。頁46。
〔註28〕胡五峰，《知言》。所引亦出於《心體與性體（二）》，頁474。
〔註29〕「逆覺體証」一詞非胡氏所明言，卻是牟先生依胡氏思想所提出者。牟先生認爲「逆覺體證」確是五峰之工夫論義理。且是五峰所首先正式言之者。詳細說明見《心體與性體（二）》，頁476。
〔註30〕《心體與性體（二）》，頁480。
〔註31〕同上註。頁475。
〔註32〕同註30。
〔註33〕同註31。
〔註34〕同上註。頁483。
〔註35〕《心體與性體（一）》，頁46。
〔註36〕《從陸象山到劉蕺山》，頁458。

則「此心之妙,而心之與性不可以分合言」。〔註37〕這便是由「客觀面到主觀面,而由主體面形著而眞實化之了」。〔註38〕

「歸顯于密」可以作工夫語看,此即「將心學之顯教歸于愼獨之密教」。〔註39〕劉蕺山的工夫論,主要便是這愼獨誠意之學。

何以說蕺山與五峰「不謀而合」呢?蓋蕺山之「誠意」通于五峰之「識仁體」;「愼獨」則通于「操存擴充」。二者均是依己之自力工夫。以下詳言。

蕺山說「誠意」並非「就『心之所發』之意念之有善有惡加誠之之功而使之爲純善」之意。〔註40〕他將意與念分開,「念之好惡兩在而異情」,表示他的「念」實是陽明「有善有惡意之動」的「意」,「此顯念爲感性層」。〔註41〕「意」則不然。「意之好惡一機而互見」,牟先生指出此意是「至善棲眞」之意本、意體,〔註42〕既是意本、意體,則通於陽明之至善心體。故其好惡雖互見,然其「好善即惡惡」,故好惡同爲一機。此機即「顯意爲超越層」。〔註43〕

對於蕺山的「意」作了以上之疏解,則可以進而言其誠意。蕺山說:「格致是誠意之功」,格是格物的格,即「格究此意本之物而明之」;致是致知,即致「如其所究明之意本之物而知之」之知。故誠意即「恢復意體之實而呈現之」之格致工夫。〔註44〕此工夫中格致之「知」,不同於陽明良知之「知」(陽明之知是實體字),〔註45〕卻通於五峰「識仁體」的「識」。誠意的意是超越層的意體,則既通於陽明之「良知」,亦是五峰的「仁體」。總持地說,蕺山的誠意即五峰之識仁體。二者均是逆覺以反求諸己的依己工夫。

蕺山的愼獨工夫是誠意的另一面。若說格致是從「知」以立言,愼獨則是從「行」而論者。〔註46〕格致之功使人復其「眞實無妄之意體、誠體」,然而此誠體尚須透過「獨居閒居」時之戒愼恐懼,及「無一毫之自欺」,才「眞

〔註37〕同上註。頁457。
〔註38〕《心體與性體(一)》,頁48。
〔註39〕《從陸象山到劉蕺山》,頁453。
〔註40〕同上註。頁479。
〔註41〕同註39。
〔註42〕同上註。頁478。
〔註43〕同註39。
〔註44〕以上所引,俱同註42。
〔註45〕同上註。頁485。
〔註46〕同上註。頁479。

能時時呈現」。〔註47〕故慎獨工夫是一種「退藏微密之妙，從根深寧極中証入」的操存工夫。當然，蕺山之慎獨操存較「凝歛、寧靜」，不若五峰「操而存之，擴而充之」之健動（五峰之健動較類於陽明「致良知於事事物物」）。然而，基本上都是屬於在「行」方面使本體如實呈現之工夫。依此，牟先生稱蕺山之誠意慎獨與五峰之逆覺體証爲同一系者。〔註48〕二者皆是無取於外，反求諸己之依己自力工夫。

（三）象山陽明之一心朗現

象山陽明是宋明儒中特重「心體、知體」之一系。牟先生認爲此系「只是一心之朗現」，〔註49〕並不特別地說客觀面之性天之尊。「性天只是捎帶著說」，終至吾心即是宇宙，良知即是性即是天。故此系亦以「心學」或「顯教」見稱。〔註50〕工夫方面，牟先生亦將之歸爲「逆覺體証」一路。

1. 象山之立本工夫

象山自承其學爲「因讀孟子而自得之」。〔註51〕工夫以簡易、立本爲宗，無明顯之工夫次第。〔註52〕牟先生以「辨志」、「先立乎其大」、「發明本心」、「心即理」、「簡易」與「存養」等六端〔註53〕爲其主要義理。

籠統地言，辨志，先立其大及明本心可以說是一組，都是立本的工夫。立本是在本心上立，所謂發明本心是也。爲什麼在本心上講立本呢？蓋「吾心即是天理」，象山「本於孟子之言『仁義內在』以及……『理義悅心』」〔註54〕而講「心即理」。心即理就是「本心即是天理」之意，這一點本文在論「法則的自律」時已經提過。象山既肯認天理內在吾心之中，很自然地，他的立本工夫不是向外順取以求理，而是向內逆覺以明心了。

「簡易」可以說是籠罩著整個象山思想的一個氛圍。牟先生指出「象山之言簡易正是『依意志自律原則而行』之所應有而必有者」。〔註55〕既然本心能自

〔註47〕同上註。
〔註48〕《心體與性體（一）》，頁80。
〔註49〕同上註。頁48。
〔註50〕《從陸象山到劉蕺山》，頁457。
〔註51〕《象山全集》，卷三十四語錄，答詹阜民問。
〔註52〕《中國哲學的特質》，頁71。牟先生稱陸象山並未開出工夫途徑。
〔註53〕《從陸象山到劉蕺山》，頁4。
〔註54〕同上註。頁5。
〔註55〕同上註。頁10。

發天理，且亦是吾人之「良知良能」，那麼，爲學「不過切己自反」〔註56〕即可。其事既易其道亦邇，豈不是簡易？

立本是象山工夫之根本，不過他亦說：「此只可謂之第一步，不可遽謂千里」。〔註57〕所以立本之後尚須存養，象山講存養是很具體的在「人情事勢物理上」收拾精神的踐履工夫。有此存養踐履，本心之明才能擴而充之而眞實地呈現。

從以上討論，我們可以發現象山的自反立本及存養踐履，皆是自力之工夫，因爲除非我們自己願意從種種陷隔中拔出以辨志、以立乎其大、明其本心，是沒有任何人能代吾人爲之的。此外，「心即理」，使得他的工夫不需支離地向外窮索以順理，卻只要簡易地向內明心即可如理而行。凡此皆示象山之工夫是依己自力之工夫。

2. 陽明之致良知

依牟先生對陽明「致良知」之疏解，陽明之工夫最顯爲一種依己之自力性。以下縷述之。

先說其工夫之依己。本文已經提過：陽明的良知是即體即用的。它具實體義，是天理之「必然而不可移處」，亦是起「昭明靈覺」之本體。〔註58〕另一方面，此天理之實體不是一寂靜的理體，本身亦是即用即活動者。其活動就是它眞誠惻怛之自然明覺。依此，良知是即心即理的。以其即理言，其外更無天理，它本身就是天理。故踐履之如理亦同於孟子象山，是必須求諸本心而依己的。

「求諸本心」的求是自己去求，故此語亦暗示了陽明工夫中的自力。牟先生更進一步在「致良知」中找到自力之本體基礎。

陽明言「致」字，是「向前推致」的意思，「等於孟子所謂『擴充』」。〔註59〕致良知就是「把良知之天理……不讓它爲私欲所間隔而充分地把它呈現出來以使之見於行事」。然則，如何能有「致知」之功呢？牟先生認爲「此並無繞出去的巧妙方法」。因良知時時都會「不覺覺地呈露」，〔註60〕故致知就是隨其呈露而自覺地警覺「意識及之，不令滑過」。此警覺是一種

〔註56〕同上註。頁181。
〔註57〕《象山全集》，卷三十四語錄。
〔註58〕《從陸象山到劉蕺山》，頁220。
〔註59〕同上註。頁229。
〔註60〕以上所引，俱同上註。

「逆覺」，在「逆覺中……含有一種肯認或體証」即「逆覺體証」。〔註61〕

　　若問：良知天理即使通過逆覺體証之肯認，未必能從私欲氣質之隔限中抽拔出而順適調暢地貫通于事事物物，則如何？牟先生認為這仍然沒有「繞出去的巧妙辦法」。其中工夫的本質關鍵或本體基礎仍在於「良知本身……不容已地……湧出〔之〕力量」。〔註62〕蓋良知不只是「寡頭的理」，亦不只是鏡照的知，而是即心即理而本身就具有力量的本體。不在它本身找力量而繞出去講求「格物、窮理」，則「只能是助緣」，而非「本質的工夫」。〔註63〕依此，牟先生肯定「自力而依己」之逆覺工夫，其「本質的根據唯在良知本身之力量」。〔註64〕

第二節　依他之自力：順取工夫

　　本章前節曾以法則的自律他律來分別自力工夫之依己依他。此一分別亦可以透過心理為一為二來闡明。

　　心理為一是說心理同一本體。心是本體自己靈覺之「震動而反照其自己」；理則是本體當身「當然之不容已處」。心與理「說時有能所」，實則「只是其自己之真切地貞定與朗現」，故最後是「能所消融……為一」。〔註65〕如此便使得心之如理是內在地自如其理。既是內在地如理，便是無取於外的依己。

　　心理為二則不然。如此之心是形下的氣心，理則是超越的形上之理。心與理形上形下相隔而永在能所對立之中。依此，心之如理是外在地順他之理。既是外在地順理，工夫便是有取於外的依他。

　　以心理關係分別依己依他，則陽明象山之「心即理」是依己工夫，已如前節所述。至於依他之工夫則見於伊川朱子的「性即理」而「心理不一」。由於朱子承伊川思想而「極力完成」之，〔註66〕故本節不分論二者異同，僅綜合地拈出此系工夫所以為順取依他之本質所在。

〔註61〕牟先生又用「逆覺體証」一詞說陽明之致良知。此逆覺體証是通於五峰之識仁體。見《從陸象山到劉蕺山》，頁230。

〔註62〕同上註。

〔註63〕同上註。頁231。

〔註64〕同上註。

〔註65〕同上註。

〔註66〕《心體與性體（二）》，頁390。

　　伊川朱子的工夫大綱即「涵養須用敬，進學在致知」一語。〔註67〕先說進學在致知。致知不是陽明的致良知，而是大學即物窮理的格物致知。故進學致知即是「即物以明存在之理、以致……心知之明」〔註68〕之意。

　　由「即物窮理」，我們馬上可以認出其義理之基礎是「心理爲二」。心理爲二則「心知之明爲一本，所對之理〔亦〕爲一本」。〔註69〕心理永在一能所對立之關係中。因此，工夫必須是漸磨的窮理。此工夫是無有盡期的，蓋心理爲二，則窮理必須即外物以窮之，而外物有無窮曲折之相，吾人欲窮其然及其所以然之超越之理，就必須「盡有涯之生以赴之」，「而不容一息間斷」。〔註70〕

　　窮理以致心知之明，目的並非致認知義的明，卻在於實踐義的「心靜理明」。然而窮理是認知順取於物的工夫，它本身並不含一種實踐義的逆覺，以達到心氣寧靜的境界。故「必須敬以涵養使之常凝聚清明，然後始能發其明理之用」。〔註71〕如此便談到了「涵養須用敬」。

　　伊川朱子所說的涵養是貫串未發已發的整肅工夫，分別的說可以是未發的「涵養」，已發的「察識」。事實上只是一個莊敬整齊的養習。此種養習雖是「反之于上」、「攝之于己」的心上工夫，〔註72〕然而其所著力處的心，「只是實然的心氣，〔而〕非超越的本心性體」。〔註73〕故其反躬並不是「本體論的逆覺體証」，而只是一種「空頭的涵養」。〔註74〕牟先生認爲此種涵養只能「靜攝地決定客觀的存有之理」及「心氣的清明」。依此，伊川朱子的工夫，「知」只是窮理的知，是順取於外的依他之知；「敬」則是心氣的靜，並非本心性體依己之當身朗現。合而論之，則只是一種「靜涵靜攝」、順取依他之工夫。〔註75〕

第三節　論工夫中的他力

　　他力是道德實踐時，主體自身以外的力量。道德實踐能依他力進行嗎？

〔註67〕《心體與性體（一）》，頁45。
〔註68〕同上註。頁104。
〔註69〕《心體與性體（三）》，頁364。
〔註70〕同註68。
〔註71〕《心體與性體（一）》，頁104。
〔註72〕《心體與性體（二）》，頁395。
〔註73〕《心體與性體（三）》，頁211。
〔註74〕同上註。頁210。
〔註75〕同註73。

在牟先生的著作中，有關他力的探討少之又少，基本上，他對於他力是採消極的態度。本節按「他力」在道德實踐中的輔助意義及本質意義，分別探討它在工夫實踐上的可能性與價值。

（一）論道德實踐中本質性他力之不可能

牟先生對「他力」的消極態度，基本上是因為他認為「他力」不能做為道德實踐的本質關鍵。這一點可以從道德的本質上來說，亦可以從實踐的動力上講。

道德的本質是什麼？道德就是使吾人之內在道德性「具體地滲透於全部生命中而朗潤出來」。〔註76〕以陽明的話來說就是「致良知之天理於事事物物」。這樣看來，既然使內在道德性或良知呈現流行出來便是道德，那麼道德的本質就在於吾人自身道德意識的自由自決。任何的外力干預或「規定」都會破壞此自由自決，而直接地相反於道德。〔註77〕舉例而言，一個人被稱為道德的善，必須是他願意行善，他願意讓本心性體呈現流行。若他無此意願，即使受外力催迫而行之，則他本人亦不能稱有道德的善，蓋其本人根本無決意於善之自決。因此，牟先生認為「道德的善」本身根本不能由外而來，「必先通過內在的『道德意識』才可顯露道德上的善與不善」。〔註78〕

從實踐的動力來看，本章已經提過道德實踐「最後而根本的本質的動力〔是〕超越的義理之心之自己」，〔註79〕他力不能是本質的動力。這是因為道德與否是在於自由自決的向善與否。向善是主體自身的事，向善的動力也必須來自主體自身。他力即使能助成此主體本身之動力（此下段所將討論者）。使主體成為道德的仍在於自身之努力，而非助成此自身努力之他力。他力只能是「外緣」。〔註80〕

以上是一般性地言本質性他力之不可能。此外，牟先生在論超越上帝之神睿時，亦有類似的觀點。首先，他指出在人實踐的過程中，「上帝加恩否，是上帝的事，不是人所能知的」，〔註81〕因此神睿與否是不可知亦「不可得而

〔註76〕《中國哲學的特質》，頁77。
〔註77〕《圓善論》，頁133。
〔註78〕《中國哲學的特質》，頁61。
〔註79〕《圓善論》，頁320。
〔註80〕同上註。
〔註81〕《中國哲學的特質》，頁98。

必」者。〔註82〕其次，道德的本質不能繞出去「從上帝或天道處建立」。故在成德一事上「上帝所作的……是什麼，既非本質亦非必要」。〔註83〕〔註84〕

（二）論道德實踐中輔助性他力之價值

他力不能成為道德實踐的本質動力，然而它亦並非毫無價值。它的價值就在於它的輔助性或助緣作用。

牟先生提到的輔助性他力有講習及師友的剝落。講習較屬「知」一面的工夫，不過所重者仍在德性之知的「知」。牟先生指出「欲自覺地作道德實踐，心性不能不談」，學者互相切磋，「念茲在茲而講習之」，〔註85〕自然有助於心性之明。此外，牟先生亦引象山語曰：「自古聖人亦因往哲之言……乃能有進。況非聖人，豈有自任私智而能進學者」？〔註86〕

師友剝落是「行」一面的輔助工夫。牟先生指出良知雖能時時呈現，然而若非經常「聽人之提撕」，則「雖有一時之警覺」，亦易流入「昏沈陷溺」。因此，「人必須親師取友，精進不息」，才能使「本心易于呈現」。〔註87〕

當然，無論師友講習、剝落具有怎樣的價值，它們始終只是「第二義」的「助緣工夫」，而非工夫之本質。以師友講習而言，「師友之言，亦不一，又有是非當否，若不能擇，則是泛從，泛從何所止」。〔註88〕可見「擇」是更根本的工夫，它是不能由他人替代的。它是「為學端緒」，必須以「本心之直貫，沛然莫之能禦，為頭腦」，〔註89〕故第一義的工夫仍在於主體自力之自抉自擇。

第四節　綜論自力他力

牟先生對工夫自力他力的看法，與其對本心性體的根本立場有密切關係。在牟先生，本心性體是即存有即活動的。就存有一面而言，它是超越的性體，本身通於存有論的實體，而為一切存在之理之理源，故亦名理體。就活動來說，它是明覺的心體，並能夠感通潤物地起道德創造。所謂起道德創造是說它本身

〔註82〕　《圓善論》，頁332。
〔註83〕　《中國哲學的特質》，頁63。
〔註84〕　同註82。
〔註85〕　《心體與性體（一）》，頁4。
〔註86〕　《從陸象山到劉蕺山》，頁61。
〔註87〕　《圓善論》，頁38。
〔註88〕　《象山全集》，卷三四語錄。
〔註89〕　《從陸象山到劉蕺山》，頁92。

即具一種「不容已地要形之于外」〔註90〕之無限動力。依此，吾人之本心性體是即心即理即性的，本質關鍵的工夫應就其全體大用而發明之。

依此而言，他力工夫只能是助緣的，因爲它的作用只是提撕警覺，以使本心更易于呈用流行。依他自力之工夫亦只是「空頭的工夫」。它一方面忽略了本心即理一面，而窮理於外；另一方面亦忘記了性體是即於活動之本心，卻以心氣之莊敬爲涵養工夫之用力處。〔註91〕

依己之逆覺工夫則不然。它所以逆覺，因爲肯定性體本身是天理之會聚處；而「依己」則在於依心體本身道德創造之無限力量，而朗現自己之天理不容已。故此一工夫是即心即理而發明本心全體之關鍵工夫。

肯定了依己自力的工夫是道德實踐的根本所在。接下來要問的是，現實中的人果真可以憑自力達到無限圓滿的聖賢境界嗎？牟先生對於這一問題提出兩種答覆。一方面他承認「人力有限」，吾人雖努力「體現天道」，但是「生命大海中之罪惡無窮」，吾人不盡然能夠「克服全部罪惡」。〔註92〕另一方面，他仍肯定本心性體中既有實踐道德之無限良能，因此，依自力進入無限圓滿的境界亦不無可能。他指出孔孟皆肯定本心性體可以隨時呈現，「既隨時可呈現，即函圓頓呈現之可能」。〔註93〕綜合此兩種觀點，牟先生似乎認爲人性的終極境界是可以憑自力而向無限領域開放的。雖然人性的真實本體是「帶著氣化的實體」，它不能不受氣化的限制，而令聖人有所遺憾。〔註94〕然而，本心性體本身之無限性，卻是吾人能夠無限地呈現之之基礎。此外，成聖的過程即使「艱難」，亦須「知其不可爲而爲之」，蓋此不是「樂觀與否的問題，〔而〕是理上應當如何的問題」。〔註95〕

最後值得一提的是，牟先生對於人性中有限與無限兩面雖都肯認，但仍有把無限面絕對化的傾向。此一傾向固然有其道德的形上學作爲基礎，〔註96〕

〔註90〕《圓善論》，頁310。
〔註91〕《心體與性體（三）》，頁200。
〔註92〕《中國哲學的特質》，頁98。
〔註93〕《圓善論》，頁322。
〔註94〕《中國哲學的特質》，頁78。
〔註95〕同註92。
〔註96〕牟先生「道德的形上學」之義理，見第五章。此處所謂的形上學基礎，事實上就是牟先生「一心開二門」之形上信念。此一信念肯定無限智心作爲存有界與價值界一切存在之根源，故是絕對無限的實體。此實體既內在化爲吾人之本心性體，便使得本心性體之無限是絕對的無限。

而不能被視爲是泛道德單元簡易思想。然而，它亦不是毫無缺失。本文以下僅提出兩點反省。

其一，本心性體雖通於絕對無限的天命實體而亦具無限性，然而此無限性卻在氣化之「超越限定」中呈現，故不能不受限制。將人的無限性絕對化，似乎忽略了人是「無限而有限」中的有限一面。以道德的境界來說。我們說人可以達到無限，應是指無有定限，人在努力當中永遠可以做得更好更完善。然而現實中的人畢竟有一定之時空限制，無論造境多高，它不可能是超越一切而涵蓋一切的。牟先生所說的無限似乎並非無定限之意，而是超越一切、涵蓋一切之意。如此便將人性中之無限向度孤立於氣化之限制外，而將它絕對化了。

其次，牟先生雖肯認超越的天命實體是主體之客觀綱維原則。並且他亦認爲重內在之主體性，並非是「否定或輕忽帝、天之客觀性」，「而勿寧更是加重……人之對于超越而客觀的天、天命、天道之契接與崇敬」。〔註97〕然而，在把人的無限性絕對化當中，自力似乎亦被無限誇大，而天之存在亦形同虛設。以下說明自力如何被無限誇大。

就道德的本質而言，吾人同意「道德的善只能透過道德意識來決定」。這就是說即使上帝能替我們作決定，若人自己不「自力」地決定善行，是不能成就道德的善的。故人自力之自抉自擇是道德之本質關鍵。此外，本心性體之無限良能更提供了吾人道德實踐之自力基礎。

但是，「自力」是道德的本質關鍵並具有實踐基礎，並不涵蘊自力能夠絕對化且與他力毫不相容。「天命之謂性」表示吾人本體雖爲創造性本身，但卻仍以天命爲客觀根源。若一定將自力絕對化地說，亦必須在「主客打併歸一」之下說，才具實義。若僅單面地在主體上說自力之絕對性，恐怕在理論和實際人生上都有所不符。

總之，天道與性命之互相肯定，表示從終極的形上信念──「一心開二門」來看，自力是具絕對性的。但這是主客一如的絕對性，而非主觀面單方的絕對性。從天道與性命之分別相來說，性命由天道來，表示自力仍以超越之天道爲基礎，故不能說絕對的自力。以現實人生來看，自力更不是絕對的。雖然在道德義理之本質上，自力與他力有本末之別，然而在具體之生活實踐上，自力與他力毋寧是相互發明彼此補充的。

〔註97〕《心體與性體（一）》，頁21。

　　有學者曾指出「我們不能只側重無限的體現遂忘記講天人之不一」,「道德的嚮往〔雖〕可以無窮,而道德的具現則仍不外是限定」。〔註98〕牟先生對於人性中無限之向度有深刻的體會,固是中國傳統優長之發揮,然而若「沒有照顧到具體人生的限制」,則不免有所偏失。最後再以一段話作為本章結束:

　　「其實,超越與內存有一種互相依存的緊密的辨証關係。如果我們充分重視這一方面,則不只可以對治傳統的流弊,反對輕易講些『通體透明』的話頭,而且可以擴大傳統的視域,甚至可以找到一條與西方基督教、現代哲學接通的道路。我們一方面看到西方傳統的不足,另一方面又不輕忽它們對現實人生的限制的深刻的體驗,兩下裡會合,由限制之中來體驗自由,這才真正能掌握自由的實義」。〔註99〕

〔註98〕劉述先,〈牟先生論智的直覺與中國哲學〉,文收於《牟宗三先生的哲學與著作》,頁757～758。

〔註99〕同上註。

第五章　天道性命相貫通

　　本文前四章探討了牟先生人性論之進路，以及他對人性根源、內涵、實現過程的看法。本章將繼續討論他疏解人性論之形上基礎，並從他「道德的形上學」之終極証立來看人性之圓善境界。

　　「天道性命貫通」是牟先生疏解人性論之義理骨幹。〔註1〕它是徹上徹下語，下而指點人性之形上根源，上而表示人性之終極境界。本章第一節先從根源談起。

　　人性根源之「客觀性原則」，本文第二章已從「天命之謂性」予以發揮。然而牟先生論性是有「兩路規定」，除了客觀性原則外，主觀性原則亦不可或缺。本章便從此兩路規定來看天道與性命在根源上如何貫通為一。

　　第二節將基於論性之兩路規定，進一步地探討牟先生的道德的形上學。蓋「規定」只是一種「原始智慧」的洞見，〔註2〕此洞見如何被表而出之，清楚地確立，尚需要哲學上的一種終極証立。牟先生以一種道德實踐的體証方式來証立天道性命之為一，並由此証立進一步溝通應然面之價值界與實然面之存在界，而極成其所謂之「道德的形上學」。

　　此道德的形上學若以一語概括之，便是貫串本文各章之「一心開二門」。一心開二門之証成，不但表示價值界與存在界具根源的統一性，更因為作為此根源之天道與性命之貫通為一，復亦使得它內在為吾人之無限本心。

　　然則，人而本此無限本心從事道德實踐，會達到怎樣的終極境界？終極

〔註1〕　《心體與性體（一）》，頁255。
〔註2〕　同上註，頁189。

境界是「天道性命相貫通」的徹上義，亦是本章最後一節所欲處理的課題。此課題牟先生名之曰「圓善的問題」，亦即人生終極境界中，福德是否「圓融一致」的問題。〔註3〕

第一節　論性之兩路規定——「天道性命相貫通」根源義地探討

　　牟先生認為中國正宗儒家對性的規定有兩路，一路是由性之客觀根源、形上的天命實體說到主體的性。此路以易庸為代表，中心在「天命之謂性」一語；另一路則是由主體出發，向內逆覺地「即心說性」。此一路以孟子為代表，中心思想為「仁義內在」的「心即理」。〔註4〕

　　由於天命是於穆不已的創造實體，其所下貫為吾人之性，即其「創造性本身」，故由第一路「天命之謂性」所得之性即「創造真幾之性」。這樣詮表性，尚十分抽象，欲具體的說明它，牟先生認為應直接肯定「性就是道德的善本身」。〔註5〕此一肯定由孟子的本心可以獲得其內容意義（intensional meaning），牟先生並以此「証實第一路所言的『創造性』〔為〕『道德的創造性』」。〔註6〕

　　從以上主觀及客觀兩路對性之規定來看，儒家的思想是兼及存在、道德兩面的。以存在面而言，牟先生認為我們不能不講超越客觀的天，即使重道德，亦不能把天割掉。〔註7〕因為天作為性的形上根源，是性的客觀綱維原則；而「天道生化」更表示天「負責萬物的存在」。〔註8〕

　　另一方面講來，主體、道德亦是重要的，並且毋寧是儒家主要義理之所在。牟先生講超越與內在的遙契，就都是以主體的「仁、智、聖為根據」。〔註9〕以超越遙契而言，它是主體在踐仁過程中，體認天為創造性之根源，超越地保持其自存性。內在的遙契則是主體逆覺地體証內在道德性乃天道所下貫者，因而

〔註3〕《圓善論》，頁58。
〔註4〕《中國哲學的特質》，頁52。
〔註5〕同上註，頁60。
〔註6〕同上註。至於如何"證實"，見第二節探討。
〔註7〕《中國哲學十九講》，頁78。
〔註8〕同上註，頁75。
〔註9〕《中國哲學的特質》，頁40。

肫肫至誠地在內心契悟它。

總之，道德與存在兩面皆是儒家義理所兼重。二者的連繫，可以是由客觀面的天道下貫而爲吾人之性命，以言其「客觀性原則」；亦可由主觀面的「盡心、知性、知天」，以証實天之所以爲天，而爲其「主觀性原則」。主客觀原則互相貞定，便是天道性命相貫通之基礎。〔註10〕

此外，由性之兩路規定，吾人可以分別說天道與性命之獨立意義，亦可以合說其間之貫通。進一步而言，牟先生雖肯認天之超越價值與客觀綱維性，但在他「一心開二門」之思想體系中，孟子一路所開出之本心（即牟先生所謂之「無限智心」）毋寧更具根源意義。本文以下分幾點闡明之。

首先，天之所以爲天是由主體在「實踐中証知」〔註11〕者。牟先生指出「我們可籠綜天地萬物而肯定一超越的實體（上帝或天道）以創造之或創生之，這乃完全由……吾人之道德的創造性之眞性而証實」，牟先生並認爲「我們決不能有別法以証實其爲有如此之意義」。〔註12〕其中所謂之証實是認知次序的証知，〔註13〕經由此一証實，天作爲性命之形上根源之意義才得以透出，吾人方可由之超越的遙契它。

其次，天不僅由吾人之道德創造性所証實，它與吾人之性根本是同一的。換句話說，「天道性命相貫通」不僅表示天道下貫爲吾人之性命，更表示天道與性命是通而爲一者。這點可以以牟先生論「創造性」來說明。牟先

〔註10〕同上註，頁50。

〔註11〕《圓善論》，頁132。

〔註12〕同上註，頁133。

〔註13〕證實應是認知次序的，蓋在存有次序上必先有天道之實，才能夠談得上對它的「證實」。當然，此處所謂之認知次序，不是知解的認知，而是正文中所謂的實踐的證知。此外，牟先生認爲天道之意義只能經由吾人之道德性來證實。這一點本文擬作如下之辨正。先就「吾人」而言，人要契證天道，只能憑著本身之無限向度，除此之外，實沒有其它方法。就這一點而言，牟先生所言不無道理。然而，在實踐的證知中被肯定的天，應包含兩層意義。其一是：既然天是在實踐中被證知，這表示吾人對於天之肯定，非是概念分解事，而毋寧說更是超越概念分解之形上信念。其二：天既然被肯定爲一種形上信念，它應當是獨立自存的天，否則如何能說肯定？又如何能說是一種形上信念？準此，天之爲天既成爲吾人之形上信念，而表現一種自存性，它便有可能不只經由道德性而被吾人認知。例如西方宗教所謂之啓示便是。牟先生認爲只有道德性才能證實天，這一點不僅是「鬆落了啓示的觀念」，更是從哲學的範疇踰越至神學領域之獨斷（牟先生如何鬆落啓示的觀念，見《中國哲學的特質》，頁99～101）。

生先是肯定於穆不已的天命,是客觀而絕對的創造性本身,此創造性「于人處所特顯的道德創造乃即其精英」。〔註14〕不過,它不僅顯于人之道德創造,更可以生天生地,創化萬物。進一步地,牟先生指出所謂「天道創生萬物,〔只〕是對于天地萬物所作的道德理性上的價值的解釋」,〔註15〕並且,「天之創生過程亦是一道德」過程,由此而歸結天道之創造性即是心性之道德創造性。〔註16〕

依此,「德行之純亦不已就是天地之化,於穆不已的天地之化就是道德的創造,這兩者是同一的」。〔註17〕再加上創造性可以說是天道與性命之全部內容,牟先生便本此而肯定天道與性命之完全同一。〔註18〕

最後,天道與性命亦不僅是同一的,它更是由吾人之本心或無限智心所「決定」者。牟先生指出天之所以為天,乃是由「人之道德的心靈……〔所〕決定成的」。〔註19〕所謂道德的心靈就是本心或無限智心。無限智心決定天之所以為天,表示無限智心更是最終之根源。〔註20〕這一點,我們可以從牟先生對陽明

〔註14〕《圓善論》,頁 140。
〔註15〕同上註,頁 134。
〔註16〕同上註,頁 137。牟先生對於創造性之說法,事實上是有理論內部之困難。天道之創造性既特顯于人之道德創造又不限于道德創造。那麼,天道之創造性與心性之道德創造性便不能說是完全相同。
〔註17〕《中國哲學十九講》,頁 442。
〔註18〕同上註,頁 436～437。關於天道與性命彼此之內容意義是否完全相同。牟先生持肯定之主張。不過,散見於他各著作中之種種說法,卻不盡然一致。在有些地方,他肯定地指出性命與天道為一,故透過吾人之性體,便可徹盡天道之意義。例如在《中國哲學的特質》一書中,他說:「傳統思想中高高在上的天道……完全可被人通過仁與誠去體會、領悟」(頁 37)、「道……須要聖賢去充宏彰顯,以求徹盡道的內容意義」(頁 42),又如《圓善論》一書中,他說:「天之所以為天之具體而真實的意義完全由心之道德的創造性而見」,並且還說「此決無誇大處」等云云(頁 134)。但是,在另一些地方,他亦指出性命與天道畢竟不同,吾人不能徹盡天道之全幅。例如在《中國哲學的特質》,他說:「所謂體現天道也只是把天道之可以透露於性中、仁中、即道德理性中者而體現之,並不是說能把天道的全幅意義……全部體現出來」(頁 98),「天道永遠不能……被人全盤掌握、天道永遠是玄妙深奧不可測的」(頁 67)。
〔註19〕《圓善論》,頁 133。
〔註20〕當然,牟先生亦有「心性天是一」之說法(見《心體與性體(一)》,頁 27)。據此,既然心與天為一,則似乎不能再說無限智心是更高之根源。然而,總觀牟先生之思想體系,無限智心是最高之根源性(此即一心開二門),仍是可確定的。

及中庸的一些疏解中見到。以明而言，陽明講「心外無物」，講「無聲無臭獨知時，此是乾坤萬有基」。牟先生認爲這「明明……是說乾坤萬有不能離開〔本心〕良知而存在」。〔註21〕中庸中所謂「誠者物之終始，不誠無物」，牟先生亦指出這是說「無限的智心乃是存有論的原理」，它使「一切存在〔成〕爲眞實而有價值的存在並能引起宇宙生化而至生生不息之境」。〔註22〕依此，陽明論「岩中花樹」〔註23〕所透露出之「有心俱是實，無心俱是幻」，並不只是認識論上的「存在即被知」，而卻是「相當於柏克萊的最後依於神心之層次」。此「依於神心」便是存有論的層次。〔註24〕總之，依牟先生之思想，存有論之最終根源是「一心開二門」的心，天作爲性命之客觀綱維原則，幾乎只扮演了「解圍神明」（deus ex machina）的角色。心是無限智心，亦是孟子的本心，陽明的良知。

第二節　自他同本一源——道德的形上學之証立

　　前節論性之兩路規定，談到天道與性命之貫通爲一，此一是同一本體，而非合一。本體是什麼？牟先生以「無限智心」名之。無限智心一方面開存有之門，一方面亦開價值之門，此是所謂「一心開二門」。本節將依牟先生的論證方式，對於儒家人性論之終極形上立場提出說明，並由之建立所謂「道德的形上學」。

（一）「道德的形上學」釋義

　　牟先生關於道德與形上學提出好幾個名詞，本段一一加以說明：

〔註21〕　《中國哲學十九講》，頁443。
〔註22〕　《圓善論》，頁307。
〔註23〕　《從陸象山到劉蕺山》，頁227曾引陽明與友人論「岩中花樹」之問答如下：
　　　　　先生遊南鎮。一友指岩中花樹問曰：
　　　　　天下無心外心物。如此花樹在深山中自開自落，於我心亦何相關？
　　　　　先生曰：你未看此花時，此花與汝心同歸於寂。
　　　　　你來看此花時，則此花顏色一時明白起來，便知此花不在你的心外。
　　　　　案：陽明此答在認識論上站得住腳，在存有論上則未必。牟先生以存有論的角度疏解之，是以「一心開二門」及「本心良知即內在化之無限智心」等形上信念爲基礎而建立者。
〔註24〕　同上註，頁228。又，牟先生雖肯定「存在依於神心」是存有論的語句，但他亦曾指出若無限智心撤掉了，則所謂「一切存在終歸于虛幻而不實」只是「價值地說，非經驗地說」（見《圓善論》，頁307）。可見，牟先生似乎又並不是眞就存有論的立場講無限智心的根源性。

1. 道德底形上學（metaphysics of morals）

牟先生對「底」、「的」的用法，從今日之通用者。「底」作所有格用，「的」作形容詞。〔註25〕道德底形上學是指「關於『道德』的一種形上學的研究」，〔註26〕其中所謂之形上學，並非是包含本體論及宇宙論之形上學本身，它只是一借用之名稱，表示此種研究是「就道德而論道德，其中心問題首在討論道德實踐所以可能之先驗根據」。〔註27〕牟先生指出康德之「道德底形上學之基本原理」就是對道德之先驗性作探討的道德底形上學，它本身並不涉及一般所謂形上學之內容。反觀儒家之「道德底形上學」則並不限於道德，而亦蘊涵了一般的形上學。〔註28〕

2. 形上學的道德學（metaphysical ethics）

「形上學的道德學」中，「的」是形容詞。此學之重點亦是在道德。它是以「存有論的圓滿」來說明道德者，依第三章之討論，基於存有論的圓滿而有的道德是他律道德，他律道德則根本是道德的否定。牟先生認為儒家並不對「道德價值作存有論的解釋」，故「不承認有一形上學的道德學」。〔註29〕

3. 道德的神學（moral theology）

「道德的神學」就是由道德進路而契接的神學。它是以道德為前提，推至其神學之存在基礎的一種探究。〔註30〕牟先生認為康德「視自由為假設」並「分隔意志因果與自然因果」，遂由「道德底形上學」超越地立起位格神之超越設準，便是一種「道德的神學」。〔註31〕

4. 神學的道德學（theological ethics）

與道德的神學正相反，神學的道德學是從神學而契接之道德學。它是以神意、神智為基礎而說明道德者。依牟先生，神學的道德學與形上學的道德學類似，都「構成他律道德」，都應該被否認。〔註32〕

〔註25〕　《心體與性體（一）》，頁 139～140。
〔註26〕　同上註，頁 140。
〔註27〕　同上註，頁 8。
〔註28〕　同上註，頁 136。
〔註29〕　《圓善論》，頁 134。
〔註30〕　《中國哲學十九講》，頁 76。
〔註31〕　《心體與性體（一）》，頁 173。
〔註32〕　《中國哲學十九講》，頁 444。

5. 道德的形上學（moral metaphysics）

「道德的形上學」是本節主要之課題。它的內容是以形上學本身爲主，涉及一切存在之討論。其進路則是道德的進路，由「『道德性當身』所見的本源（心性），滲透至宇宙之本源，此就是由道德而進至形上學」者。〔註33〕故名爲「道德的形上學」。牟先生認爲儒家在「踐仁盡性的無限擴大中，因著一種宇宙的情懷」，能夠使得道德實踐的體用因果通於本體宇宙論的體用因果。〔註34〕如此，則道德的形上學便能出現。更進一步地說，「儒家惟因通過道德性的性體心體之本體宇宙論的意義，把這性體心體轉而爲寂感眞幾之生化之理，而寂感眞幾這生化之理又通過道德性的性體心體之支持而貞定住其道德性的眞正創造之意義，它始打通了道德界與自然界之隔絕。這是儒家『道德的形上學』之澈底完成」。〔註35〕

（二）道德的形上學之証立進路

前段解釋時曾提到「道德的形上學」之証立進路是「道德進路」。道德進路是牟先生疏解儒家人性論乃至形上學之關鍵進路（此點第一章亦論及）。此一進路之優位性在於知識進路只能落於能所關係中執成現象，惟道德進路才能超越能所關係而無執地透至本體或物自身。

牟先生肯定「道德意識」能夠「顯露道德實體」。因爲道德意識是一「應當」之意識，其中的「應當」是「存在的應當」，而「不是泛說的一個知解的概念」。〔註36〕人依於此「存在之應當」所作之決定是「道德的決定」。對於「存在的應當」及「道德的決定」作存在的分解，便能「顯露一道德實體」以使此二者成爲可能。〔註37〕

談到「顯露」，這兒就出現一極重要之義理，即「智的直覺」之有無。在上段的說法中，道德實體之「顯露」是因爲不如此，則不能使道德意識與道德決定成爲可能，此一說法事實上與康德論自由意志並無太大差別。康德認爲意志的自決自立法性是明顯的存在事實，此一事實必須「預設」意志之自由。〔註38〕至於自由是否具「必然性」，吾人對之「沒有積極的知識」。蓋

〔註33〕《心體與性體（一）》，頁140。
〔註34〕同上註，頁172～173。
〔註35〕同上註，頁180～181。
〔註36〕《現象與物自身》，頁62。
〔註37〕同上註，頁63。
〔註38〕《心體與性體（一）》，頁141。

自由作爲一個「必然的預定」，並「不能在經驗中給予」，吾人亦不能對之有所「直覺」，故它雖因道德事實而被預設，終只能「是一個設準」，而不能有本體的呈現。〔註39〕

以牟先生而言，他亦幾乎使用與康德同樣的說法來「即用顯體」。不過，他的「顯體」卻超越了康德所謂「實踐哲學底極限」。爲他而言，「自由不是一"設準"，而是一朗現」。〔註40〕此何以故？牟先生何以能肯定自由是一朗現，而非必然之設準？其中的關鍵就在於牟先生由道德進路中肯定人有「智的直覺」。〔註41〕此智的直覺使道德本體之確立成爲實踐的可能。〔註42〕

依此，牟先生所謂「在道德意識中顯露道德本體」，其眞正能顯露本體者，非是一般義之道德意識（依此義則只能如康德般說到一本體之設準），而是貫注于道德意識中之智的直覺。又，智的直覺是「自由無限心」之知體明覺。〔註43〕故吾人可說「依於自由無限心，則能滲透至道德本體或物自身」。

吾人如何肯定吾人之本心是無限自由心，而本心之明覺即智的直覺？牟先生認爲這必須要進入聖人「具體清澈精誠惻怛的圓而神之境」，以此境爲根據而有之精誠道德意識將浮現一種「原始而通透的直悟」，〔註44〕在這樣的直悟下，自由無限心與智的直覺將被証立。証立了自由無限心與智的直覺，再由之托出「一心開二門」以完成「兩層存有論」，便極成了牟先生之道德的形上學。

（三）道德的形上學之証立

1. 自由無限心（無限智心）之証立

自由無限心是「一心開二門」的根源心。如何證立此根源心？這問題首先就是要對它如何可能做一探討。此問「如何可能」並非就其概念本身而思之，蓋此概念本身並不予盾，不矛盾便是可能。是以這個問題等於是

〔註39〕 同上註，頁 142。
〔註40〕 《現象與物自身》，頁 60。
〔註41〕 同上註，頁 61。
〔註42〕 牟先生認爲康德否定人有智的直覺，則康德所謂實踐的知識，只能是虛說。因它既非識心之知，亦非智心之知（因爲根本無智心）。只有肯定人有智的直覺，對於本體才有智知，才使本體之確立成爲實踐的可能。詳見《現象與物自身》，頁 61～63。
〔註43〕 《現象與物自身（一）》，頁 39、61。
〔註44〕 《心體與性體（一）》，頁 189。

問：我們人類這有限的存在如何能有這種自由無限心？〔註45〕此自由無限心又如何是道德的實體及同時是存有的實體？對於上述問題，牟先生大致按三步驟論証之：

第一步，牟先生先從主體出發，肯定由道德而體証之本心性體是絕對而無限的實體。本心性體何以是無限？牟先生認為本心性體是「根據孔子所指點以明之的"仁"而說的」。仁的覺健感通「原則上是不能有封限的」，所謂「仁心體物而不可遺」。因此，「其極必與天地萬物為一體」。〔註46〕

另外，牟先生亦從對「道德」一詞之分析，來論本心性體之無限。道德是「依無條件的定然命令而行之謂」，能發無條件命令者即本心性體。問題是：本心性體若有限，〔註47〕它還能發無條件之定然命令否？

牟先生指出，本心性體有限，「則其發布命令不能不受制約」，命令而受制約，則不可能是無條件之定然命令。再者，即使本心仍能發道德命令，然而其本身有限，便表示仁體在感通上受限，感通受限，則其感通無必然性，而仁體「便不復是仁體」了。〔註48〕準此，若肯定仁心之感通無限，並肯定道德是一事實呈現，則不能不說本心性體是絕對而無限的實體。

第二步是從客體出發，牟先生認為天地萬物應有一最高的存有根源。此存有根源是存有論的本體。在第一章中，本文已指出它是天命實體。天命實體即「創造性自身」，宇宙萬物便是以此創造性為其本性為其本體。〔註49〕

創造性自身既是宇宙萬物之存有本體，那麼，它便是本體宇宙論之「第一因」。依牟先生，第一因之理念是由存有之條件系列作絕對綜和而得者，它只能是因而不能是果，「只制約別的而不為別的所制約」，故它亦是一絕對而無限的實體。〔註50〕

第三步，亦是最後一步，是將前兩步驟所得者予以合併。在第一步中，

〔註45〕《智的直覺與中國哲學》，頁190。
〔註46〕同上註，頁191。此外，論本心性體在價值界遍潤萬物的無限性，尚可見於牟先生其它著作中多處。如《心體與性體（一）》，頁22；《中國哲學的特質》，頁30；《圓善論》，頁140等等。
〔註47〕此所謂「有限」並不是說「其本身無限，而在具體的表現中為具體機緣所限而為特定的表現」。見《智的直覺與中國哲學》，頁191。
〔註48〕同上註。
〔註49〕《中國哲學十九講》，頁432。更正確的說法是：宇宙萬物以渾通著理氣的天命實體為其本體。
〔註50〕《智的直覺與中國哲學》，頁192。

由主體出發得出本心性體是絕對而無限的實體；第二步驟從客體出發，亦得到本體宇宙論之第一因，亦是絕對而無限的實體。然而，「天地間不能有兩個絕對而無限的實體，如是，兩者必同一」。〔註51〕

主觀面之本心性體與客觀面之存有本體爲同一，便表示道德界與存在界之根源是一。因此，兩界的契合是直接而自然的。這就是本章第一節所謂之天道與性命在根源之貫通爲一。依此，「本心性體或於穆不已之道體性體是寂感眞幾，是創造之源，是直貫至宇宙之生化或道德之創造」〔註52〕之同一無限自由心。此無限自由心「自宇宙生化之氣之迹上說以及自道德創造所引生之行爲之氣之迹上說」，它開出實然界；但自「創造之源上說」，則開出應然界。如此便充分說明了自由無限心是「一心開二門」之根源心。又，此根源心不僅在主體成爲吾人之本心性體，本心性體之道德創造更是它創造性之眞實表現，〔註53〕故吾人雖有限而能無限。換句話說，人不僅是「可能有」無限智心，而更是必然地有。

2. 智的直覺之証立

本節第二段論道德的形上學之証立進路時，曾提到智的直覺之有無是非常重要之義理關鍵。牟先生自承其早期著作中（如《認識心之批判》），只注意到知性之邏輯性格，而尙未見到知性之存有論性格。〔註54〕在晚近之作品中，則肯定知性之存有論性格不可廢，且其充分証成之關鍵即在智的直覺之有無。〔註55〕本文前亦已提到，牟先生之所以能肯定良心、本體是一呈現而非一設準，便在於智的直覺。據此智的直覺，牟先生認爲他能突破康德所謂「實踐哲學之極限」，而建立以道德進路爲依歸之「道德的形

〔註51〕 同上註。牟先生此處是運用 Spinoza 論證絕對無限實體之唯一性的方法。不過，Spinoza 所謂的「絕對」無限與牟先生者並不完全相同。Spinoza 之絕對是「涵蓋一切」之意。牟先生由對本心性體之感通無限性之說明，滑至對其「絕對無限性」之肯定，其中關節並無充分說明。Spinoza 之論證見其《倫理學》第一部份界說（六）及命題八、十一、十二、十三、十四證明。《倫理學》中譯本譯者賀自昭，仰哲出版社，一九八二年版。

〔註52〕 《心體與性體（一）》，頁115。

〔註53〕 《中國哲學十九講》，頁437。

〔註54〕 《現象與物自身》，序頁20。所謂知性之邏輯性格是指知性能將感性之時空形式納入先驗之範疇中之認識論性格。知性之存有論性格則指知性不僅在認識中與物爲有對，更能給予對象存在而成爲對象之創生實現原則。

〔註55〕 同上註，序頁3。

上學」。然而，究竟什麼是智的直覺？人是否能有此智的直覺？

（1）「智的直覺」釋義：

牟先生依照康德之說明，將智的直覺之特性歸納如下四點：

一、就其爲理解言，它的理解作用是直覺的，而不是辨解的，即不使用概念。

二、就其爲直覺言，它的直覺作用是純智的，而不是感觸的。

三、智的直覺就是靈魂心體之自我活動而單表象或判斷靈魂心體自己者。

四、智的直覺自身就能把它的對象之存在給與我們，直覺活動自身就能實現存在，直覺之即實現之（存在之），此是智的直覺之創造性。〔註56〕

以上四特點顯示智的直覺不但是一種直覺的理解，更是存有的創生原則。依康德，這不是人所能有的，只有上帝能有之。牟先生則不以爲然，他認爲人能有智的直覺。茲說明於下。

（2）吾人具「智的直覺」之証立：

爲牟先生而言，智的直覺之証立具有關鍵之重要性，他曾說若「人類不能有智的直覺，則全部中國哲學必完全倒塌」。〔註57〕以下本文分理論及實際兩部份來說明牟先生對智的直覺之証立。

理論上人如何能有智的直覺？本節前面已証立吾人具自由無限心，自由無限心是吾人之本心仁體，它是絕對而無限的。由其明覺所發之直覺一方面是一種純智之理解，一方面亦是「直覺之即實現之」之創生原則，故此直覺必是一種智的直覺。依此，一旦肯定了自由無限心，從理論之分析便可証立出「智的直覺」是其本質妙用。〔註58〕

然而，光在理論上肯定智的直覺，並不足夠，吾人必須說明在實際上它如何可能。

在什麼關節上，智的直覺在「實際上必呈現」？牟先生認爲這關節即在「本心仁體之誠明、明覺、良知或虛明照鑑」。換句話說，「當吾人鄭重正視此明覺義、活動義」，智的直覺是一呈現之事實，才能眞實地透出。〔註59〕

先說本心仁體之本質作用。本心仁體隨時在躍動中具體呈現。當其呈現

〔註56〕《智的直覺與中國哲學》，頁145。

〔註57〕《現象與物自身》，同頁55。

〔註58〕《智的直覺與中國哲學》，頁193。

〔註59〕同上註。

時，它「自身不容已」地「自給其自己一道德法則」，此即其「心即理」義。它自身不容已，又表示其自甘如此，其「自甘如此是它自身悅此理義（理義悅心）」。〔註60〕故本心仁體一方面自給法則，一方面又自悅其法則。

值得「鄭重正視」的是，在本心體自給自悅的同時，它有一種明覺活動。此明覺活動可以分三層來講，一層是它自覺其所自給之法則並自覺其自悅，此是「純智地理解義地」覺。

另一層是它在自覺其自給自悅之同時，亦返而逆覺其「在其自己」之本心仁體而自知自証其自己，〔註61〕此種逆覺亦稱為本心仁體自我震動之迴光返照。〔註62〕迴光返照所逆覺之本心仁體自己雖似一被覺之對象。事實上則不然，蓋逆覺並無「能」義，而其反而所覺之本心仁體亦無「所」義。「明覺活動之反覺其自己即消融于其自己而只為一體之朗現」。〔註63〕故此覺是本心仁體「自己表象自己之自我活動」義。

最後一層是明覺在自知自証其自己時，「連同其所生發之道德行為以及其所妙運而覺潤之一切存在而一起知之証之」，此是明覺之「創生實現」義。〔註64〕其所涉及者包含道德行為之實現以及一切存在之實現，以下分別闡明之。

先說道德行為之實現。本心仁體愈是逆覺而自証其自己時，其自體「愈是具體的呈現，因而亦愈力力」。有力者即「有力發為道德行為」之意。〔註65〕換句話說，道德行為即本心仁體所要「實現」之目標。此處之實現就是「創生實現」的實現。依此，吾人則能說「此〔明覺〕自身就能給出它的對象之存在」，而且這「給出」是「把它引歸于其自己……之自在物（e-ject）」〔註66〕之給出。此義是就道德行為說本心仁體之創生實現。接下來擴而就一切存在言之。

本文已說明本心仁體（或自由無限心）是「一心開二門」之根源心。「它不但特顯于道德行為之成就，亦遍潤一切存在而為其體……前者是它的道德創造，引生道德行為之『純亦不已』……後者是它的『生物不測』，引發宇宙

〔註60〕同上註，頁194～195。

〔註61〕同上註，頁196。

〔註62〕戴連璋，〈德性之知與見聞之知〉，本文收於《牟宗三先生的哲學與著作》，頁700～703。

〔註63〕《智的直覺與中國哲學》，頁196。

〔註64〕同上註。

〔註65〕同上註，頁197。

〔註66〕同上註，頁198。

秩序」，〔註67〕總之，它是個實現創生原則。

然而，本心仁體如何創生一切存在呢？前段曾說到本心仁體之感通無外，此所謂感通無外，正是指它的明覺覺潤而言。「它的虛明照鑑覺之即潤之，潤之即生之」，故此明覺本身在（「即給出它的對象之存在」）。依此，一切存在便在明覺之覺潤中得其「在其自己」之存。〔註68〕

綜合上述對於本心仁體三層明覺活動之討論：吾人可以發現：本心仁體之明覺即是一種智的直覺。智的直覺之四特性：非辨解之理解義、純智地直覺義、在其自己之自我表象義及創生義，分別相應於本心仁體之三層明覺活動。依此，在理論之分析與實際之呈現上，吾人具智的直覺均是確定無疑的。

3. 兩層存有論之完成

前兩部份証立了自由無限心與智的直覺。自由無限心透過智的直覺之實現作用，開出了道德界與存在界。此即「一心開二門」。一心開二門所開者是道德界與存在界之本體，亦即物之在其自己之物自身。以形上學而言，這是屬於「無執的存有論」。依牟先生看法，必須無執的存有論與執的存有論兩層均開出，才是道德的形上學之極成。本段剋就此「兩層存有論」進行探討。〔註69〕

（1）兩層存有論釋義：

牟先生論存有論時，分無執與執兩層存有論。無執與執是就著自由無限心之妙用而言（此詳下段），本段僅就存有本身之兩層分別：無執所對之「物自身」與有執所對之「現象」討論。

現象與物自身之分別「是批判方法上的一個概念」，它可以應用在任何存有上面。〔註70〕以「一心開二門」所開之存在界（實然界）與道德界（應然界）而言，兩界在更廣義的意義下都是「存有」，因此都可以說有一個「物自身」與「現象」。

何謂物自身？何謂現象？牟先生依康德之說明而指出物自身就是存有「收歸到它自己而在其自己……它不是對著某某而現（ob-ject），而是無對地自在著而自如（e-ject）」。消極地說，「物自身就是『對於主體沒有任何關係』

〔註67〕同上註，頁 199。
〔註68〕同上註，頁 199～200。牟先生以「覺之即潤之，潤之即生之」一語帶過地論證明覺之實現創生性，恐怕有些牽強。
〔註69〕兩層存有論之名，見《圓善論》，頁 340。
〔註70〕《智的直覺與中國哲學》，頁 106。

而不能成為知識對象之「物之在其自己」。〔註71〕現象則不然，現象是知識的對象，「所謂對象，就是對著某某而呈現于某某，對著主體而呈現于主體」者。

現象與物自身是「同一物」，其分別是主觀而超越的分別。〔註72〕現象是對著主體之對象，就存有本身而言，它是此同一存有物之表象；物自身則是此存有之「表象之另一面」，亦即「不與主體發生關係而回歸于其自己」之那一面相。〔註73〕

總之，現象與物自身是存有之兩面相，對此兩面整合地建構起來之存有論即「兩層存有論」。

（2）兩層存有論之完成：心外無物

依前段，現象與物自身是存有之兩面相。現象與主體為能所有對之關係；物自身則根本不與主體發生關聯。在此一說法中，現象與物自身之分別似乎只是認識論的分別，而非存有論的。然而，依牟先生而言，現象與物自身均與主體有關，且在存有論上以主體為其存在本體。〔註74〕

本節已証明吾人本心性體是起一切存有（包含實然、應然兩面）創造生化之無限智心。現象與物自身既都可以統涵於存有之下，則無限智心或本心性體便是現象與物自身之存在根源。本心性體是吾人之真正主體（見第三章第一節（二）之討論），故籠統地說：吾人之主體即是現象與物自身之存在本體。

據此籠統之說法而詳細地說，則如何？先談主體。第三章論人性之各面時，本文曾提到認知主體及道德主體之別。認知主體是由道德主體自我坎陷而辯証地開顯著，道德主體則是吾人之真正主體。認知主體所意識到的「自我」，是「統覺地統一」之「我思」之我。它是為對存在之相建構知識而有之

〔註71〕同上註，頁105。
〔註72〕牟先生所謂之「超越」（Transcendental）與「超絕」（Transcendent）一詞相對。「超越」指主體上先於經驗而為經驗條件者；「超絕」則指「超離乎經驗而隔絕乎經驗」者（詳見《現象與物自身》，頁359～365）。按西洋哲學之通用中譯，「超越」應作「超驗」；「超絕」則以「超越」表之（詳見《西洋哲學辭典》，頁427～428）。
〔註73〕《智的直覺與中國哲學》，頁105～106。
〔註74〕牟先生在《智的直覺與中國哲學》中論「物自身與現象之分之意義」一章，並未言及此意。然而，其言實可蘊涵此意。否則，物自身如何能不與主體發生任何關聯，同時又以主體之無限智心為其根源。

「邏輯的我」。此邏輯的我是由道德眞我自我坎陷而成，亦可說是「由本心仁體一曲而成者」。〔註75〕以心而言，道德主體是無限智心，認知主體則是無限智心曲成之有執識心。〔註76〕

主體因有此曲成而有智心與識心之別，存有方面「亦因而有現象與物自身之分」。現象由識心之執所執成；物自身則是智心無執而創生者。〔註77〕合而言之：識心之外無現象，智心之外無物自身，此便極成了現象與物自身之超越區分，〔註78〕亦充分証明了「心外無物」。心外無物是兩層存有論之完成，也是牟先生道德的形上學之完全證立。最後，自由無限心雖可以以吾人之本心仁體詮表之，但它「不但是我的，亦是你的、他的，總之，乃是整個的，這只是一個超越而普遍的靈明」，〔註79〕故牟先生的道德的形上學可以說是絕對唯心論之一種型態。〔註80〕

第三節　自他圓盈一如——天道性命相貫通之圓善境

本章前兩節論天道性命相貫通是根源地論，亦是形上學地論，本節則論其終極境界。牟先生指出「成聖過程之極致即是存在地証悟澈悟性命天道之爲一」。〔註81〕可見天道性命相貫通確是徹上徹下語。

天道性命相貫通之徹上義是什麼樣的境界？一言以蔽之就是圓善的境界。圓善，「康德名之曰『最高善』」。「最高」有兩義，「一是究極，一是圓滿」。牟先生認爲在此應取圓滿義，「意即整全而圓滿的善」，這就是爲什麼牟先生將康德之「最高善」譯爲「圓善」之故。〔註82〕

圓善包含兩個幅度，一是善的極至；一是福的圓滿。善的極至是德之純

〔註75〕 同上註，頁 201。
〔註76〕 《現象與物自身》，頁 153～164。
〔註77〕 《智的直覺與中國哲學》，頁 202。
〔註78〕 《現象與物自身》，頁 113。
〔註79〕 《從陸象山到劉蕺山》，頁 227。
〔註80〕 李震，《人與上帝》（台北：輔仁大學出版社，西元 1986 年），頁 272、339。
　　　　 所謂絕對唯心論包含以下幾點：首先，主客關係不再是「臨在」與「融通」，而是主體透過積極行動產生客體；其次，絕對唯心論者致力於人與神，有限與無限的同一化，使他們的哲學洋溢著神學的氣息，故亦名神學的唯心論。當然這種神學氣息是完全內於理性的，絲毫無超自然之意義。
〔註81〕 《心體與性體（一）》，頁 304。
〔註82〕 《圓善論》，頁 172。

粹至善。〔註83〕福是幸福，是「中國人所說的『事事如意』」。〔註84〕福的圓滿即是事事如意的圓滿。圓善應是「綜和德與福兩者使它們之間有一種準確的配稱關係，以成為德福一致」的境界。〔註85〕

牟先生認為德福一致的問題在中國傳統是不受重視的。以孟子而言，孟子之首要關懷是仁義，他見梁惠王時第一句話便是「王，何必曰利？亦有仁義而已矣」。〔註86〕「利」是「福」一面之事。孟子雖不抹殺之，但對於「兩者間在現實人生如何不一致：有德者不必有福，有福者亦不必有德」以及「如何能理想地圓滿地保証其間之恰當的配稱關係」等問題並不在意。〔註87〕現在的問題是：孟子乃至全部儒家何以不在意德福一致？蓋為儒家而言，德是「有性焉」，是「求之在我者」；福則「有命焉」，是「求在外者」。實現生命之意義重點是在「德」，為了完成德的要求，甚至不惜「捨生取義」、「殺身成仁」。因此，儒家更看重「知其不可而為之」、「唯千萬人吾亦往矣」的成德精神，而不「視圓善為一問題而期解決之」。〔註88〕牟先生認為吾人可由此見到儒家之陽剛挺拔氣。〔註89〕

傳統儒家重德不重福固顯陽剛挺拔氣，然而牟先生認為圓善問題仍是一非常重要而應予重視的課題。因為它所指涉的問題是終極關懷的問題，我們不能只語成德之教而不論成德之最高境界。並且，「就全部人生之極致說，福德之間必須有一種諧和」，否則人生將「永遠處于缺陷悲壯之中」。如此，既不能「慰勉人之道德實踐于不墜」，亦不能「實現最高的公道」。〔註90〕因此，牟先生最近的一部著作，便是以圓善論為書名，在此書中他企圖以儒家之究極圓教思想，使圓善問題獲得一圓滿而真實的解決。〔註91〕

〔註83〕同上註，頁185。
〔註84〕同上註，頁230。
〔註85〕同註83。
〔註86〕《孟子今註今譯》，頁1。
〔註87〕《圓善論》，頁57。
〔註88〕同上註，序頁12。
〔註89〕同上註，頁58。
〔註90〕同上註，頁57～58。
〔註91〕同上註，序頁14。陳錦鴻認為牟先生將圓善問題當作《圓善論》一書之核心問題來處理，是不無問題而有待商榷者，他的理由如下：將德與福兩者結合在最高善（圓善）的概念中，並視之為一問題而解決，是不符合康德或孟子思想的。就康德而言，陳先生認為康德舉出靈魂不朽與上帝來保證福德一致，會使得道德令式成為假言令式。以孟子來說，孟子根本未措意福德聯結的問

本節分兩部份論圓善問題。第一部份是「從我們的努力方面想」。前面已經提到「求之在我者」是「德」之事,因此,我們能努力的方向便是成德。圓善所要求的德是「純德意義的極善或純善」。〔註92〕此是圓善之第一條件或最高條件。

第二部份則從「圓善所以可能之根據」一面說。〔註93〕蓋從現實人生中來看,福德一致之圓善境似乎並無必然性,若果如此,吾人從何而言圓善境之必可企求呢?此是第二部份所欲探討之課題。

(一)純善境──圓善境之最高條件之探討:

第四章第四節「綜論自力他力」時,已約略提到牟先生對於人是否能達到純善境界之看法。本段是繼續發揮他在這方面的思想:

1. 現實人生永難企及

牟先生清楚地指出「現實的人生⋯⋯總不能完全無疵地符順于道德法則」。〔註94〕故「眞作克己愼獨之工夫者,必終生『戰戰兢兢』、『戒愼恐懼』,而未能保『己私』之眞能克」。〔註95〕是以朱子臨終尙言「艱苦」,〔註96〕而「眞正仲尼臨終〔亦〕不免嘆一口氣」。〔註97〕

此外,成德與否亦受「命限」的限定。以性而言,牟先生認爲道德性

題。且儒家傾向於視「愈純粹的善,愈與福無涉」,是相當明顯的。依此,他認爲牟先生重視圓善問題,是有待商榷的。對於陳先生以上所舉理由,作者亦認爲有幾點疑義:第一,在康德之自律道德中,談福德一致必然有問題嗎?以陳先生話來說,上帝保證圓善必然使道德令式成爲假言令式嗎?依康德,恐怕這是未必的。康德並不認爲人有接受上帝存在之義務,並且道德義務的自律性並不以上帝存在之設定爲前提。此外,依牟先生疏解,康德只有基於道德而建立之神學,並無基於神學而建立之道德學。故設定上帝存在,未必使道德令式成爲假言令式(見《圓善論》,頁238)。第二,以孟子來說,孟子未談福德一致問題,這點牟先生亦知道,但這並不表示福德一致不是問題。牟先生本於儒家之重德思想,進一步對成德最高境界之圓善問題加以探討,不但不能說是違背傳統,毋寧更是對傳統所欠缺之部份予以創新之紹承。所引陳錦鴻思朴見陳著〈圓善論評介〉一文,文收於《哲學與文化》第十三卷十一期,頁71~72。

〔註92〕《圓善論》,頁209~210。
〔註93〕同上註,頁211。
〔註94〕同上註,頁210。
〔註95〕《心體與性體(一)》,頁264。
〔註96〕《生命的學問》,頁188。
〔註97〕《中國哲學的特質》,頁98。

及生理性兩方面均可言「命限」，〔註98〕故吾人難以有限之身進入無限的純善境。

2. 聖賢祖先之純善境

牟先生雖認爲現實人生永難企及純善境，但他對於聖賢及祖先卻有不同看法。他認爲聖賢祖先是能達到純善境的。因此吾人應該對聖賢祖先崇拜皈依之。何以說聖賢祖先能達到純善境呢？牟先生指出「聖賢豪傑是絕對精神之化身，通體是一純精神之人格」，而父母對於子女，「其間之情愛是大家所知道的，這其間沒有一毫雜染邪念」，故亦是「純粹精神」、「通體德愛」。〔註99〕按照以上說法，聖賢祖先便都是純善之人格了，不過，這一說法頗值得商榷，〔註100〕且較不具理論意義。

3. 純善境界圓頓之終可及

牟先生對於純善境界之可及與否，除以上兩種看法外，較重要的便是肯定圓善境圓頓之終可及。在論述之前，本文先處理他對康德之疏解。

康德認爲意志之完全符順於道德法則，「不是現實的理性存有（人）在其有生之日所能有的；人只能無限地向之而趨，而卻永遠達不到」。〔註101〕因此，爲達到純善境，它「只有在無限的進程中始可能」。然而，人生是有限的，爲要有「無限的進程」，「實踐地說來，是只在『靈魂不滅』底假設上才是可能的」。〔註102〕

牟先生並不同意以上的看法，他認爲「設定靈魂不滅以使無限進程爲可能」以及「在無限進程中〔才能〕使『意志之完全符順于道德法則』爲可能」，

〔註98〕《圓善論》，頁 151。

〔註99〕《生命的學問》，頁 201～202。

〔註100〕牟先生對聖賢祖先之看法，有絕對化之嫌。茲辨正如下：先說聖賢，若果真有人在蓋棺論定時，毫無一絲罪疚，而通體盡是德愛，確實當以聖賢視之。不過，有沒有這樣的人卻可以打一個問號。蓋連仲尼臨終亦不免一嘆，又有什麼人能毫無過失？其次，以祖先父母來說，祖先父母對於後代子女固然是充滿情愛，然而，人之是否達到通體德愛之純善境，似乎並不以對子女充滿情愛爲已足。難不成盜跖之徒成了父母便成了純善之聖人？更何況，祖先父母對子女之情愛亦未必無「一毫雜染邪念」。若從子女的孝愛處說父母之恩昊天罔極；或從「父子不相責善」處說「天下無不是的父母」固然無可厚非。然若客觀地說，天下不是的父母恐怕比比皆是，蓋天下未至純善境的人非一二徒而已矣。

〔註101〕《圓善論》，頁 213。

〔註102〕同上註，頁 212。

此相連而生之兩義是「東西方宗教根本不同的地方」。〔註103〕依牟先生看法，此兩義有如下缺失：第一，「即使說無限進程亦不必靠靈魂不滅之設定」；第二，「說在無限進程中始可達到意志之完全符順于道德法則，這實等於說永遠不能達到」。〔註104〕

　　批評了康德的說法，牟先生順而引出「圓頓可及」之思想。在他看來，康德所以有靈魂不滅之設準是基於純善需要無限之過程。然而，純善是否只能經由無限之過程以達到，牟先生認爲是未必的。他指出「康德無頓悟義……依儒釋道三教，則頓漸兩義同時〔均可〕成立」。〔註105〕換句話說，純善境界可以是在「無限進程」中達到，亦可以是「頓」時達到。〔註106〕

　　問題是：如何能「頓」時達到或「圓頓地及于」純善境？欲回答此一問題，必須要回到前節所証立之無限智心。牟先生認爲肯定吾人具無限智心，「即函其圓頓呈現而無局限之可能」。例如孟子說大舜「聞一善言，見一善行，若決江河，沛然莫之能禦」，就是指這種圓頓之純善境而說。此境「一般人不必能如此，然亦並非絕對不可能。蓋孔孟皆肯定無限智心隨時可呈現故。既隨時可呈現，即函圓頓呈現之可能」。〔註107〕依此，若吾人善予操存培養，本心「一旦豁然呈現」，則「人雖有感性之雜，亦終可超化之而至乎聖人」。〔註108〕要進一步地，牟先生指出漸頓兩義雖同時成立，然而儒家之圓教終究「必須從此圓頓體現」處說，〔註109〕由此可見圓頓義之重要。〔註110〕

　　總之，從現實眼光來看，牟先生同意純善境很難達到。然而，人亦不是

〔註103〕同上註，頁 215。又，牟先生由康德所立之此兩義，說東西方宗教之根本不同處，恐怕未盡符合事實。康德說人需一無限之進程才能達于純善，此只是他一家之言，衡諸西方基督宗教之神學義理，並無此種說法。更無以此說法以引出「靈魂不滅」之情事。

〔註104〕同上註。

〔註105〕同上註，頁 216。

〔註106〕同上註，頁 211。

〔註107〕以上所引，俱同於上註，頁 322。

〔註108〕同上註，頁 36。

〔註109〕同上註，頁 308。

〔註110〕牟先生所謂「圓頓」地達于純善境可以說是一種弔詭。純從現實上看幾乎近於詭辯。就一方面說，他承認「一般人不必如此」，但仍肯定其可能性；另一方面講，導證「圓頓義」之可能性，是以無限本心隨時能呈現爲基礎，進而肯定它能「頓」時圓滿呈現。然而吾人在某一當下「滿心而發，無非是理」，似乎並不涵吾人已經永遠地進入純善境。當然，無限智心之有無，本來就是一種形上的信念。吾人須接受形上信念中的弔詭，而不應在知解中否證它。

完全不能達到純善境。達于純善境可有漸頓二途。因肯定吾人具無限智心，且此無限智心能夠圓頓地體現，故漸頓二途以圓頓體現爲圓教所歸。

（二）圓善境——自他圓盈一如之終極境

圓善境是福德一致的境界，它以純善境爲首要條件。然而，僅純善而福德不一，則教未圓未盈而仍不能說圓善。本段先論康德之福德一致，兩論牟先生對康德之批判，最後總結牟先生從儒家之圓教所引出之圓善論。

1. 論康德之福德一致

康德所謂的圓善（最高善）境界，是以純善爲基礎的福德一致。這就是說純善是「圓善底第一條件」，而幸福「只當它是道德地被制約的……而……又是前者（即道德）底必然結果時，它始能是圓善底第二成素」。〔註111〕

依此說明，康德認爲圓善在「感觸界之自然系統內決無可能」。〔註112〕理由是道德的純善屬于意志因果，它與屬于自然因果之幸福無必然連繫。康德指出人作爲理性之存有「並不是世界底原因，亦不是自然本身之原因」，故當論及人的幸福時，人不能「因著自己力量使這自然徹頭徹尾地與他的實踐原則相諧和。因此，對于如此一個存有中的道德與相稱的幸福間的必然連繫，在道德法則中，並無絲毫根據」。〔註113〕依此，吾人沒有理由認爲幸福是道德底必然結果。

然而康德卻肯定福德一致之圓滿的善是實踐理性的對象。〔註114〕因此，圓善之促進必須可能，「否則那命令著去促進之的道德法則必虛假而無實」。〔註115〕

準此，康德以靈魂不滅及上帝存在兩大設準之肯定，來保證圓善的可能性。本文已討論過靈魂不滅，事實上，它只是被用來保證「完成圓善中純德」。〔註116〕眞正保證福德一致者是對上帝存在之肯定。康德依此兩者，「始足建立圓善底可能性之根據」。

〔註111〕《圓善論》，頁 206。

〔註112〕同上註，頁 202。

〔註113〕同上註，頁 231。

〔註114〕康德此處說法似與其自律道德相矛盾。按自律道德，「人只應依無條件的命令而行，其他決不應顧及，即使得不到幸福，亦應如此行」（《圓善論》，頁 185）。然而，康德卻肯定福德一致亦應是實踐理性戌對象，而且是「不可分離地附隨于道德法則者」，且是吾人「意志之先驗地必然的對象」（《圓善論》，頁 199）。本文不論此中詳情，此處僅拈出它以供參考。正文仍順康德之肯定而進行。

〔註115〕同上註，頁 196～199。

〔註116〕同上註，頁 208。

　　上帝如何保證福德間之必然連繫，使圓善成爲可能？康德認爲，上帝作爲最高而絕對之存有，「祂有一種『與道德品質相應和』之因果性，如是，祂照顧了『德』這一面；而因爲祂的因果性又創造了『自然』，是故祂又照顧了『福』這一面。祂憑藉祂的神智與神意，祂創造了『自然』，祂又能使『自然』與人或有限理性存有底意志之本質原則相諧和，因此，祂使德福一致（圓善）爲可能」。〔註117〕

　　總之，「圓善中，德是屬于目的王國者」，「靈魂不滅之肯定使圓善中純德一面爲可能，因而亦主觀實踐地或偏面地使圓善爲可能」；福則是「屬于自然王國者」，此兩王國之合一「便是上帝王國」，「上帝存在之肯定則是客觀而完整地使圓善爲可能」。〔註118〕

2. 對康德圓善論之批判

　　牟先生對康德圓善論之批判，基本上分兩部份，第一部份是對靈魂不滅的反對，這一點本文在論純善境時已提出，茲不贅。第二部份便是對上帝存在之否定。牟先生認爲人格化上帝之概念本身是虛幻的，並且即使它不是虛幻的，對於福德間之必然連繫亦不見得有何保證。以下先論上帝概念之虛幻性。

　　牟先生認爲康德所提出之最高之存有，「原初只是一個無限而絕對的實體性的心體……即一個無限而絕對的智心」，康德因著某種「情識作用」，並囿於西方宗教傳統而習焉不察，〔註119〕「遂把這樣的智心人格化而爲一有無限性的個體存有即神或上帝」。〔註120〕此一人格化上帝之概念是虛幻的，因爲：

　　（1）此無限性的個體存有之概念之形成有虛幻；〔註121〕

　　（2）既虛幻地形成一無限性的個體存有，便發生此個體存有底存在之問

〔註117〕同上註，頁235。

〔註118〕同上註，頁211。

〔註119〕同上註，頁241。對於牟先生此處說法，本文有兩點附識：第一、人格化與位格化不同，說西方上帝是人格化的結果，猶如說西方上帝是擬人神，此只是由外部地論斷西方的上帝。實則西方之上帝若眞是上帝，則不能具有人格（且亦不是「西方」之上帝）。此點亦見第二章附註釋9說明。第二、牟先生說「以康德之智」，亦囿於西方宗教傳統而「習焉不察」，遂立出一人格神來。本文認爲說康德在其傳統中習焉不察，不如說不同之思想家在不同之背景中，有不同之本體抉擇（ontological choice），故有不同之看法。

〔註120〕同上註，頁239。

〔註121〕所謂上帝概念之形成有虛幻性，是指知解理性在形成上帝概念時，所產生之虛幻性。這點康德亦指出，詳見《圓善論》，頁248～249。

題，而此問題亦自是一虛妄；

（3）肯定此無限性的個體存有之存在原是知解理性底事，不是實踐理性底事……此種肯定實只是一假設，知解理性並不能證明之……

（4）知解理性不證明之，則轉而就實踐理性而說需要之，這需要只是一種信仰，而這信仰亦只是情識決定，非理性決定，且不能是一種證明，因證明其存在之證明本是知識上的事，不是實踐上的事。〔註122〕

準此，牟先生認為上帝概念是虛幻的。因此，若將「圓善所以可能之根據放在這樣一個起于情識決定而有虛幻性的上帝上……是一大岐出」。〔註123〕

進一步而言，即使上帝不是虛幻的，牟先生認為說祂是圓善的保證，「也只是這麼說而已，並不能使人有落實而可信服的理解」。蓋「人之德與有關于其『存在』的福既不能相諧一，何以與人絕異的神智神意就能超越而外在地使之相諧一」？並且，安個上帝以說明存在，存在仍是同一的存在，「物理的自然亦是這同一的物理自然」，一切「既無重新調整，又未重新創造」，如何能說「神智神意地因果性就能使那不諧和者成為諧和」？這一切問題，牟先生認為均是難以索解。若有人說「這是神底事，他自能使你的德福相配稱，你只要信他祈禱他就可以了」。那麼，這是訴諸於信仰。牟先生認為「這等于未說明」。〔註124〕

最後，牟先生指出，「道德法則之確立是理性的……要求圓善亦是理性的」，因此吾人不能訴諸情識之「非理性」以決定圓善之基礎。在此，他便依於儒家之傳統，期望「徹頭徹尾是理性決定」之說明模式，以建立儒家圓教之圓善論。〔註125〕

3. 儒家圓教模型下之圓善論

牟先生否認康德之上帝能做為福德一致之終極保證。然而他所否認之上帝只是人格化而超越地存有之上帝，並非否認一無限而絕對之存有本體或無限智心。相反地，他肯定無限智心（見本章第二節），並且他認為圓善之所以可能，正是應由無限智心開出。

此何以故？蓋無限智心一方面是道德實體，一方面是存有本體，它「能立道德之必然且能覺潤而創生萬物使之有存在」。故此智心「大本之確立即足

〔註122〕同上註，頁244。
〔註123〕同上註，頁239。
〔註124〕以上所引，俱見於《圓善論》，頁239～240。
〔註125〕同上註，頁241。

以保住『天地萬物之存在以及其存在之諧和于德』之必然性」，〔註126〕此即開德福一致所以可能之機。

然而，僅說無限智心可以開德福一致之可能之機，「尚不能使吾人明徹德福一致之眞實可能。如是，吾人必須進至由無限智心而講圓教始能明之」。〔註127〕牟先生講圓教，分別從釋、道、儒三家講，本文僅依其儒家圓教之境以明德福一致之本義。

儒家圓教之境指本心性體或無限智心充其極而與天地萬物爲一體之極境。在此境中德行上是「純亦不已」，存有上則「無一物能外此無限智心之潤澤」。〔註128〕德行之純亦不已，至于圓極，則爲圓聖之純善，純善則能依無限智心之自律天理圓滿無缺的踐行。此即是德，即是目的王國；無物外智心之潤澤，則「無限智心于神感神應中潤物、生物，使物之存在隨心轉」，物隨心轉即是福，即是自然王國。兩王國「同體相即」即爲圓善。由此可知儒家圓教之境即使圓善成爲可能。〔註129〕

圓教使圓善可能，然而必待吾人能達此圓教之境，方能說圓善具眞實可能性。若吾人根本不能體現圓教之境，則仍不能說圓善是眞實可能者。

依牟先生，吾人是能體現圓教之境的。關鍵在於無限智心之內化與否。康德講上帝也是講無限智心，然而是超越而外在化之"無限智心"。它既是超越的，人根本無從體現之；〔註130〕而且，外在化就是被推出作爲一對象，如此便會產生「關于其存在及其存在之證明」之虛妄問題。〔註131〕故超越而外在化之上帝（無限智心），並不能使人體現圓教而達于圓善。

反觀儒家之圓教一本思想，它在實踐之逆覺體證中肯定無限智心之存在，且是內在化爲吾人本心性體之存在。此一肯定「是實踐上的事，不是知解一對象這知解上的事，〔故〕無像一個對象底存在不存在那樣的問題」。〔註132〕並且，

〔註126〕同上註，頁263。
〔註127〕同上註，頁265。
〔註128〕同上註，頁307。
〔註129〕同上註，頁333。
〔註130〕同上註，頁332。
〔註131〕同上註，頁245。
〔註132〕同上註，牟先生此言，表示他認爲無限智心存在與否之肯定，不是知解理性所能及者。康德論上帝存在之肯定，亦自知此非知解理性事，而是實踐理性事。依此，牟先生以「上帝之存在在知解理性上是虛幻的」作理由來反駁康德，事實上，此一理由亦適于反駁其所謂之無限智心。

它既是內在化之本心，吾人便能體現之；而它的無限性，更使吾人能「圓頓」地完全體現之而達于圓聖之純善境（見本節（一）之討論）。純善境中，無限智心完全朗現，此即是儒家之圓教境。此境德福兩面「同體相即」，自他之間亦圓盈一如。至乎此，則圓教成而圓善亦明矣。〔註133〕

〔註133〕同上註，頁334。

第六章　結　論

　　本文前面五章，從牟先生的人性論進路談起，依次處理了他對於人性之根源、內涵、過程、終極境界等課題之疏解。第一章論進路時所談到的「一心開二門」，可以說是牟先生論人性之形上學根基。這一形上學，牟先生稱爲「道德的形上學」。本文第五章曾以相當之篇幅，探討牟先生對其道德的形上學之究極證立。可以說牟先生之道德的形上學與其人性論是密不可分的。若沒有道德的形上學則不能建立他的人性論。

　　本章是對牟先生人性論之綜合反省。第一部份先總述牟先生的形上學人性論體系。總述的次序不按照前五章之論述，而是總持地由其思想體系之絕對預設爲起點，漸次地從形上學而人性論地勾劃出其思想大要。第二部份則依其思想體系內部義理及系統預設本身提出一些反省。

一、總述牟宗三形上學──人性論體系

　　（一）牟先生形上學、人性論之體系基礎或絕對預設〔註1〕在於本體之肯

〔註1〕　絕對預設一詞，牟先生大概不喜歡。爲他而言，本體之肯定是在實中之親證。
　　　　這種親證知之確定性遠優於知解之知。故以它爲基礎之系統預設是確然而穩
　　　　固的。把它說成是預設，似乎把它說虛了，而不夠肯定其實在性。若連實在
　　　　性都不夠，牟先生擔心在其上建構之思想體系亦會虛而不實。本文同意牟先
　　　　生此一想法。然而仍維持絕對預設或系統預設一詞。因爲，不論實踐之知具
　　　　有如何之優位性，本體概念之成立只能在實踐上肯定，而不能在知識上證明。
　　　　而「預設」一詞在本文脈絡中只表示它是知解理性所不得不接受而又不能證
　　　　明之命題，這一解釋並不暗示該命題較不具實在性。此外，關於「預設」在
　　　　英文有 postulate, presupposition 之分別，康德之以後之近代學並不將 postulate
　　　　視爲是虛幻的，詳見《西洋哲學辭典》，postulate 條下，（頁 281）。

定。本體並不是西洋哲學中「存在于其自身之實體」之謂。〔註2〕以牟先生思想之脈絡來說,本體就是「終極的實在」(Ultimate Reality)或「最終之存有根源」。

關於本體,牟先生在不同著作中有許多詮表方式。早期著作如《認識心之批判》中,就是用「本體」此名。這一名稱也就是後來在《心體與性體》中的「心體」或「性體」。「性體」一詞比較是從存有一面來論本體的說法,其它從存有一面詮表本體的名稱還有:天、道體、理體、仁體、太極、乾道,天命實體、於穆不已之體等。心體則是從活動來說本體者,從活動說本體之名稱更多,如誠體、知體、獨體、意體、寂感眞幾、道德眞幾、創造眞幾、內在道德性、無限智心、自由無限心等等。

由於牟先生晚近之作品中常用「無限智心」一詞,〔註3〕且無限智心正是表達牟先生「一心開二門」形上信念之最適切方式,故本文以下討論,統一地以無限智心指涉本體。

在牟先生之形上系統中,無限智心扮演怎樣的角色呢?簡單地說,它扮演了西方上帝之存有論角色。以下先說明牟先生之存有論。

存有,在牟先生的系統中,是以兩種方式來說明的。第一種是論存有之不同範疇。牟先生認爲存有包含大範疇,一是自然界,一是價值界。自然界屬於實然範疇,服從自然因果律;價值界則不然,論到價值界,牟先生主要是注意道德價值,實際上它亦包含美感等藝術價值。以道德價值言,它屬於應然範疇,以意志因果律爲其存在之法則。

另一種說明存有之方式是超越地區分存有爲現象與物自身。「超越」不是超絕,而是超驗之意。現象與物自身之超越區分,就是指在主體先驗地觀照下,存有必須有現象與物自身之兩層分別。現象是對著主體而能成爲主體認識對象之一面;物自身則是存有之另一面,是不與主體發生關聯之物之在其自己。二者是同一存有不可分而有所區別的兩面相。

依此,價值與自然是存有之不同範疇,價值是一種存有,自然亦是一種存有。兩種存有相關,但純自存有而言,它們是不同範疇的存有。現象與物

〔註 2〕 本文第二章註 46 亦談到這一點,請參閱。惟第二章中是用實體一名,其實在牟先生的詮表說法上,實體、本體是互通的。這兩者皆只是西洋哲學中譯術語之借用。

〔註 3〕 見《現象與物自身》及《圓善論》。

自身不是不同的存有，卻是同一存有之不同面相。故對於任何存有而言，都可以說一個物自身與現象。以價值存有和自然存有來說，它們既都是存有，便各自有各自之現象與物自身。總之，價值與自然是論不同存有之範疇；現象與物自身則是詮同一存有之形上的超越分別。

談過了牟先生對存有之不同說明，我們再回頭論無限智心之存有論角色。

無限智心扮演了西方上帝之角色。換言之，它是一切存有之創生根源。存有在範疇上既包含自然界與價值界，因此，無限智心同時開出這兩界，而爲二者之共同根源。以牟先生的話來說，這就是「一心開二門」。進一步而言，「一心開二門」也可以指無限智心開出現象與物自身。這點可以從牟先生對「兩層存有論」的探討中看出。兩層存有論肯定現象與物自身之兩層區分，是由心所發之超越區分。本文已經談過超越區分，此不贅。以心而言，心是什麼？心即無限智心，它本身具智的直覺，「直覺之即實現之」了物自身；無限智心之曲通則成識心，識心之執便執成現象。故物自身直接地以無限智心爲實現原則，現象亦曲通地以無限智心爲其存在根源。合而言之便是無限智心之外無存有或「心外無物」。總之，不論以範疇方式或超越區分來說「一心開二門」，兩者指出無限智心是一切存在之終極根源。第五章註釋 80 曾指出這種形上學一種神學唯心論。

（二）牟先生以無限智心爲形上學之最高原理或終極預設。它是一切存有之根源。接下來要問的是：它與宇宙萬物有著怎樣的關係？人作爲萬物之靈，又與它有著怎樣的存在關聯？

無限智心與萬物的關係可以用「一體範疇」來說明。〔註4〕「一體範疇」表示無限智心與萬物不是超越的對立關係，而是內存的同體關係。以牟先生的話來說，這就是所謂的圓教一本模型。

進一步而言，「一本」與「一體」之詞意稍有不同。故由它們所引出之一體範疇應該不一樣。事實上，牟先生之一體範疇確有兩層意思。第一層是從「一本」引出者。「一本」表示萬物都是從同一根源來，故它所表示的「一體」並非同一本體，而是「由于同一本體，故相連屬而爲一體」〔註5〕之意。第二層則是由「一體」所引出者。牟先生以朱熹之「月印萬川」說明之。月亮只有一個，雖然每一條河川上都有一個月影，但事實上是同一個月亮。〔註6〕具

〔註4〕 張春申，《中國靈修芻議》（台中：光啓出版社，西元 1978 年），頁 142。
〔註5〕 《心體與性體（一）》，頁 68。
〔註6〕 《中國哲學的特質》，頁 57。

體地說，牟先生認爲萬物都是以無限智心爲其本體（此處之本體是 substance 而非 ultimate reality）。只是萬物因不能推，故只能外在地以之爲本體，卻不能內在地吸納之爲其自己之性。人則不然，人有心而能推，故無限智心不僅外在地爲其體，復內地爲其性。〔註7〕

承上所述，我們可以問一個問題：牟先生的圓教一本思想是否就是一種泛神論？本文認爲答案並不一定。所謂泛神論，意指神（無限智心）以外的一切萬物，並不具有自身的存有，而只是神的某一樣態或形象。在牟先生的圓教一本思想中，所展現之一體範疇卻並非如此。無限智心爲萬物之根源且爲萬物之體，並不抹殺萬物之在己存有。因此，與其稱其一本思想爲泛神論（Pantheism），不如說它是一種萬有在神論（Panentheism）。〔註8〕

（三）談過了無限智心在形上學及宇宙論上的地位，接下來本文把焦點放到無限智心與人之存在關聯？

前段提到無限智心不僅外在地爲人之體，復內在地爲人之性。依牟先生，其中所謂的人之性就是內在道德性或良知心體。以下統用良知心體一名。超越地說，無限智心是良知心體的客觀綱維原則。內在地說，良知心體是無限智心之主觀形著，客觀面之無限智心需要良知心體之貞定與親證。終極而言，牟先生清楚肯定：良知心體就是無限智心，二者是一而二、二而一的。依此，吾人之良知心體亦是一切存有之根源。就道德界而言，它起一切道德純亦不已之創造，就自然界而言，它是萬事萬物於穆不已的生化之體。這種以吾人道德上之良知心體爲一切存有根源或本體之思想，牟先生自稱是「道德的理想主義」（Moral Idealism），事實上可以說是一種絕對唯心論（Absolute Idealism）。

牟先生如何證成此一絕對唯心論，本文前五章有詳細之探討。此處僅綜合地概言之：

「無限智心內在爲吾人之性，且就等於吾人之良知心體」是牟先生絕對唯心論之主要命題。就前半部而言，牟先生是以人能推，故能吸收無限智心爲吾人內在之性來說明（詳見第二章第二節（一）之討論）。後半部所謂良知心體等於無限智心，牟先生分三層次論證之。

首先，他由良知心體之感通無限及意志底立法性之不可受制約，來說明

〔註7〕同上註。
〔註8〕《中國靈修芻議》，頁144。

良知心體是一絕對無限實體；其次他復由無限智心作爲存有論之第一因，來說明無限智心亦是一絕對無限實體；最後他以史賓諾莎論證實體唯一之方式來指出：良知心體與無限智心只能是同一實體，蓋絕對無限實體不能有二之故（詳見第五章第二節）。

總之，牟先生認爲無限智心可以內在地說成是良知心體，亦可以超越地看作是天命實體。惟獨不能說成是超越的上帝或位格神。〔註9〕依他看來，位格神概念根本是虛幻的概念，它來自知解理性之錯謬誤置。而且無限智心若成了超越的位格神，則無限智心與有限的人永成兩隔。人的有限成了定有限，「人只能信仰那超越而外在的上帝，而不能以上帝爲體」，如此便「堵絕了人之可以無限心爲體而可成無限者之路」。〔註10〕

（四）無限智心是吾人之良知心體，因此良知心體成了存有之本體。推而言之，就人性而言，良知心體亦成了人性之眞正本體。此即牟先生所謂「內在道德性是吾人之眞實主體性」一語之諦解。

良知心體如何作爲人性之眞正本體？第三章第一節論人性之各面時，曾指出人性各層面均直接或間接地以良知心體爲根本。形構自然之性是以渾通著理氣之天命實體爲根源。此天命實體即是無限智心，亦即是良知心體。認知性是良知心體自我坎陷而辯證地開顯著。道德性則是良知心體當身之在其自己。綜合地說，良知心體是人性各面之眞正本體，亦即吾人之眞實主體。

附帶一提的是，現象與物自身就著無限智心而言，具有一種存有論的根源關係。就著吾人之認知性與道德性而言，亦可以有一種認識論的對象關係。現象是認知性的認知對象；物自身則是道德性之直覺對象。道德性具有一種智的直覺，物自身便是在這種智的直覺中被肯定者。第五章我們曾提到智的直覺具有「直覺之即實現之」之特性。「直覺之即實現之」一語便指明了它在認識論及存有論兩方面之意義。

（五）依照上述形上學、宇宙論及至人性本體之探討，本段剋就人性各層次中的「自他問題」進行討論。討論的次第按人性根源之自立他立、道德本質的自律他律、工夫實踐的自力他力以及終極境界自他是否一如、福德是否一致而展開。

〔註9〕 事實上牟先生只用過「人格神」一名。在他著作的脈絡中，似乎並沒有分清楚人格與位格之不同。這一點本文在第二章註9及第五章註119已有討論。

〔註10〕《現象與物自身》，頁 452。

　　人性根源是自立抑或他立，在第二章第三節的討論中，本文曾依牟先生之看法而指出人性根源是亦自立亦他立之自他一如的。就天命之下貫爲性而言，天命是性之客觀綱維原則，故性是依天命而立的。就吾人本心性體能貞定並親證客觀之天命而言，人性在根源上亦可說自立。最後就本心性體等於無限智心來說，兩者既是一本一體，自立他立之間便不顯絕對之分別相，而成自他一如相。

　　論到道德本質，牟先生首先指出自律與他律是不容中的。換句話說，道德不是自律就必須是他律的，反之亦然。其次，牟先生指出道德必須是自律，因他律根本相反道德。對於牟先生的看法，本文第三章第三節曾按道德動機與道德法則兩方面來討論。就動機而言，他律動機根本不是道德動機，惟有以道德本身爲目標之自律動機才是眞正的道德動機。法則方面較複雜，道德法則可以說是價值學上的一種價值。價值應是兼具主客觀因素的一種完形性質（Gestalt property），故不能單純的說是主體自律或客體他律。牟先生先是本於孟子的「仁義內在」，主張道德法則的自律性。其次，又根據他的圓教一本模型，指出良知心體能夠收納一切主客觀因素而爲其根源，因此道德法則便被看成是絕對自律了。

　　工夫觀方面，牟先生亦主張絕對自力。所謂絕對自力是說良知心體本身就有無限之動力，吾人不須依靠另一超越之力量，只要依靠良知心體之無限良能，便可以達到無限的聖境。至於他力在自我實現過程中的角色，只是一種助緣性的作用。本質性之工夫不能是他力的，而且超越性之他力既不可知亦不可能。

　　依憑吾人本身之無限良能果然能夠達到無限的聖境？從牟先生的各種著作中，我們不得不說他的看法是詭譎難解的。正反兩種答案都佔不少份量（詳見第五章第三節）。一方面他指出人生有限，聖境無限，連仲尼臨終亦不免嘆一口氣。一方面他又指出正宗儒家並非徹底的漸教，而是漸頓並行。換句話說，在漸教之無限工夫過程中若看不出聖境企及之可能性，則可以從頓教之「圓頓可及」來看。什麼是圓頓可及？牟先生以「良知心體既能隨時呈現，便涵圓頓之完全體現」一語來說明之。這一說明從常識觀點來看是站不住腳的（詳見第五章註 110），但若回到牟先生對良知心體的形上信念來看，若吾人接受良知心體是絕對無限之實體，且是一切存有之根源，則說良知心體能夠圓頓地體現，亦不無理論之可能性。

　　良知心體完全體現之終極境界，牟先生稱爲圓善境。圓善境包含了道德的純善境以及相稱於純善之圓滿幸福，故是德福一致之最高境界。純善境原是道德之事而與自然界之幸福無彼此蘊涵之相稱關係，那麼，何以牟先生能肯定終極境界之德福一致？關鍵仍在於良知心體是「一心開二門」之良知心體，故良知心體之完全體現，即涵道德界與自然界之圓盈一如。在此境中，應然與實然，目的王國與自然王國，主體的「自」與客體的「他」，全在無限智心之彰顯朗現中，相滲透爲一，此之謂教之大通。至此，則自他自然一如，而福德亦自然一致了。

二、綜合反省

　　（一）綜觀牟先生之形上學及人性論體系，其內部義理雖不無缺失，但若吾人接受他的系統預設，則其思想亦堪稱體系恢宏，脈絡嚴明。他的系統預設肯定了吾人之良知心體是通於存有本源的無限智心。換句話說，吾人之主體性是既有限又無限的，它本身有無限的向度。在此一肯定之下，說人性之絕對自立、自律、自力或自他一如，大體上是站得住腳。並且，更進一步而言，牟先生所謂之自立、自律、自力或自他一如亦必須通過他的系統預設才能理解。若吾人不從他的預設及思想全體脈絡去了解他對主體的「自」之絕對肯定，很容易會對牟先生之思想產生斷章取義的曲解。例如他曾說內在道德性是吾人之真實主體性，又說認知主體是道德主體自我坎陷而成者。對於這些肯斷，吾人必須先進入他的道德的形上學加以反省，才能適切的理解它。如若不然，則很容易會視牟先生爲天真之泛道德主義者。再如牟先生對工夫自力性之肯定，若吾人不明白他先形上地肯定了主體之無限良能，則也很可能單純地視其爲主體之自我膨脹論。當然，話再說回來，牟先生的思想是否真是過度誇張了吾人內在的無限向度，亦是必須注意的。不過這是另外的問題。這一問題必須放在他思想之全體來衡量反省，才能得到客觀的論斷。就其思想之某一片段所顯露者而言，吾人不宜妄加肯定或否定。

　　（二）反省了牟先生思想之內部義理，接下來我們檢視他的系統預設或終極形上信念。牟先生肯定宇宙一切存有有一個終極本體，亦即無限智心。並且此一無限智心等於吾人之良知心體。此一形上信念在牟先生思想中是有著關鍵之重要性的，他的形上學與人性論便是以之爲絕對預設而建構者。

　　問題是：牟先生對此一終極信念之說明是否完全合理？以下本文就 1 無

限智心之挺立；2 無限智心之內在化；及 3 無限智心等於良知心體三部份加以
反省。

1. 牟先生挺立一無限智心以為存有根源，基本上是跟隨孟子「盡心知性知天」、「存心養性事天」乃至易庸中「易道」、「乾道」、「天命」之觀念。這些觀念籠統地指向一最終之實存本體。對於此一本體，牟先生以無限智心名之。本文認為傳統儒家思想對於無限智心之肯定是直觀的，甚至帶有神秘主義的味道。儒家從不曾論證過無限智心的存在，並且傳統典籍根本就是以對無限智心之肯定為出發點而展開的。如中庸首句的「天命之謂性」便是。中庸作者並不企圖證明天，而只是直截地由對天之肯定，而下至對一切性命之說明。

然而，直觀或神秘主義式的肯定，並不等於吾人在知性上能證知無限智心的存在。這一點牟先生亦了解，故他指出無限智心須在實踐中體證，而非知解中論證。但是，只要吾人承認無限智心是不能論證的，那麼，對無限智心之肯定就幾乎只能算是信念了。當然，說它是一種信念並不暗示它就是迷信。相反的，它也可以是一種合乎理性的信仰。

2. 談到無限智心之內在化，牟先生之基本根據仍是傳統典籍。例如：「民受天地之中以生」（左傳劉康公語）、「分於道謂之命，形於一謂之性」（大戴禮記，本命篇）以及中庸的「天命之謂性」等等。牟先生稱這一傳統為性命之客觀性原則。無限智心內在化為吾人之性，便是以這一傳統為基礎。

然而，牟先生進一步以能推不能推，來說明無限智心之內在化，便似乎有循環論證之嫌。牟先生指出人有心而能推，「故」能吸收無限智心而使之內在化；草木無心而不能推，故不能吸納無限智心以為其性。在牟先生的人性論疏解中，心者性也。能推之心即吾人之真性。真性從何而來？真性由無限智心（或天命）之下貫內化而來，既然真性是無限智心之下貫而來，又何說必先有能推之心，才能有無限智心之下貫？

3. 本文認為牟先生對其形上信念之「論證」中，最成問題的是無限智心等於良知心體一節。牟先生的論證方式類似於史賓諾莎之論證實體唯一。史賓諾莎認為絕對無限的實體只能是唯一的，因為根本不可能有兩個包含一切存有（絕對）、又不受任何限制（無限）的實體。〔註11〕

〔註11〕史賓諾莎，《倫理學》（台北：仰哲出版社，西元 1982 年）。史賓諾莎論證出
　　　處亦見第五章註51。

　　牟先生論證無限智心與良知心體之同一，便是本於史賓諾莎之方式，先說明無限智心與良知心體之絕對無限，再論證二者之同一。然而無限智心與良知心體是不是都具有絕對無限性呢？從牟先生對無限智心之說明來看，無限智心是存有之最高實體，它本身不受限制而爲一切存有之根源，故一方面是無限的、一方面亦是絕對的。至於良知心體，牟先生指出良知心體的感通無限，並且其本質作用之意志立法性亦是不受制約者。但是，感通無限與意志不受制約似乎只能指出價值上的無限，而不能指出涵蓋一切之絕對無限。此外，牟先生所謂良知心體覺潤萬物而透生萬物，他自己亦指出只是給萬物價值上的說明，而非存有上的解釋。〔註12〕如此，則根本不能說良知心體是絕對無限之實體，更不用說還以之爲前提，論證它與存有本體之同一。

　　綜合以上三段對牟先生終極形上信念之反省，本文願意指出：哲學是人類智慧的一種探求，它引領吾人進入浩瀚無邊的存在奧秘。我們可以不斷的向存在最接近無限之遠處人眺望，但在人類智慧的極限點上，我們仍會赫然發現前面仍是無邊的遼闊。此所以吾人需在知性上縱身一躍，以整個生命去遙契無限，從而建立終極信念之故。

　　依此，終極信念是不能亦不需證明的，而且終極實在亦不爲吾人知性所能盡測。牟先生對於這兩點都有所了解，否則他就不會說本體是在實踐中體證，亦不會說天道之全幅意義僅部份的透露於性命之中了。〔註13〕然而他在說明其形上信念時，不知不覺間便由體證而滑入論證。而在肯定良知心體完全等於存有本體時，亦似乎將天道之全幅意義完全收納於人性之中。

　　（三）依本文，牟先生對其終極信念之「論證」是不無問題的，但是這並不表示他的終極信念無可取處，更不表示其終極信念不能作爲形上學及人性論之合理預設。在牟先生的這些信念中，本文只對「良知心體完全等同於無限智心」（亦即心性等於天）一點，有所保留。其它關於無限智心之既超越又內在，以及人之有限而可無限。本文認爲此皆屬於牟先生之深刻洞識。

　　最後，在本文結束之前，擬對儒家與基督信仰在終極的天人關係之不同看法上，略論其會通之道。

〔註12〕《圓善論》，頁 134。另見第五章第二節說明。

〔註13〕本體需在實踐中體證，見本文第一章第一節說明。至於天道不能盡測，可見於《中國哲學的特質》，頁 98；以及《心體與性體（一）》，頁 217～224。此外，第五章註18亦論及此。

　　牟先生所疏解之儒家人性論，對於人性中無限之向度，有深刻的發揮。此一發揮的基礎，在於天道性命相貫通之形上信念。這天信念肯定天人關係是一種本體的為一，而非相即的合一，故是一種天人一體範疇的直觀信念。西方人對於天人關係的掌握，較偏重位格模型中位際範疇的表達。此一表達著重天的超越、無限及人的內存、有限，天人之間不是一種本體的為一，而是在圓滿的愛中位際性的合一。本文認為從無限的平面上來看，天人之間可能既是本體的一、亦是愛中位際的二。既一且二是無限平面上天人關係的弔詭性。

　　牟先生曾指出：「凡教皆有限定相，亦即是一途之通路。人總是通過一通路而彰顯那無限者」。〔註14〕一旦無限者終極彰顯而如如流行，則超越任何教相，而「不知其是屬于儒教者……抑或是屬于耶教者」。〔註15〕依此，牟先生認為：凡決定精神生命方向之大教，應彼此「相觀摩，相資益，且相限制，相善成，以期各止於至善」。〔註16〕

　　準此，若儒家一體範疇之思想與基督信仰在西方背景中所表達之位際範疇，果能相觀摩、相善成，那麼，不僅兩教能各止於至善，全體人類亦將因而共臻於天人無限豐富之奧跡中。

〔註14〕《現象與物自身》，頁454。
〔註15〕同上註，頁455。
〔註16〕《心體與性體（一）》，頁314。

參考書目

一、牟宗三先生著作

（一）書籍類

1.《認識心之批判》二冊，香港：友聯出版社，民國 45 年。

2.《政道與治道》，台北：廣文書局，民國 50 年。

3.《心體與性體》三冊，台北：中正中書局，民國 57 年。

4.《智的直覺與中國哲學》，台北：商務印書館，民國 60 年。

5.《才性與玄理》，台北：學生書局，民國 64 年。

6.《現象與物自身》，台北：學生書局，民國 65 年再版。

7.《中國哲學的特質》，台北：學生書局，民國 67 年再版。

8.《生命的學問》，台北：三民書局，民國 67 年三版。

9.《道德的理想主義》，台北：學生書局，民國 67 年。

10.《從陸象山到劉蕺山》，台北：學生書局，民國 68 年。

11.《時代與感受》，台北：鵝湖出版社，民國 70 年。

12.《康德的道德哲學》，台北：學生書局，民國 72 年再版。

13.《圓善論》，台北：學生書局，民國 74 年。

14.《中國哲學十九講》，台北：學生書局，民國 75 年再版。

15.《中國文化的省察》，台北：聯合報社，民國 75 年。

（二）期刊類

1.〈陽明學是孟子學（上）〉，《鵝湖月刊》，創刊號，（民國 64 年 11 月），頁
　12～16。

2.〈中西哲學之會通（一）〉，《鵝湖月刊》，一二四期，（民國 74 年 10 月），

頁 1～6。

3. 〈熊十力先生的智慧方向〉,《鵝湖月刊》,一二五期,(民國 74 年 11 月),
   頁 1～6。

4. 〈中西哲學之會通(二)〉,《鵝湖月刊》,一二六期,(民國 74 年 12 月),
   頁 1～7。

5. 〈中西哲學之會通(三)〉,《鵝湖月刊》,一二八期,(民國 75 年 2 月),頁
   13～17。

6. 〈中西哲學之會通(四)〉,《鵝湖月刊》,一二九期,(民國 75 年 3 月),頁
   11～18。

7. 〈中西哲學之會通(五)〉,《鵝湖月刊》,一三○期,(民國 75 年 4 月),頁
   1～6。

8. 〈中西哲學之會通(六)〉,《鵝湖月刊》,一三一期,(民國 75 年 5 月),頁
   1～4。

9. 〈中西哲學之會通(七)〉,《鵝湖月刊》,一三二期,(民國 75 年 6 月),頁
   1～6。

10. 〈中西哲學之會通(十三)〉,《鵝湖月刊》,一三八期,(民國 75 年 12 月),
    頁 1～9。

11. 〈文化意識宇宙〉,聯合報副刊,民國 77 年 4 月 11、12 日。

二、傳統儒家典籍

1. 《四書集詮》,朱熹註,台北:世界書局,民國 71 年。

2. 《孟子譯註》,楊伯峻註,台北:源流出版社,民國 71 年。

3. 《孟子今註今註譯》,史次耘註,臺灣商務印書館,民國 62 年。

4. 《周易傳注》,李塨,台北:廣文書局,民國 63 年。

5. 《中庸今註今譯》,宋天正註,台北:臺灣商務印書館,民國 75 年。

6. 《近思錄》,朱熹,台北:臺灣商務印書館,民國 72 年。

7. 《象山全集》,陸象山,台北:臺灣商務印書館,民國 72 年。

8. 《王陽明傳習錄集註集評》,陳榮捷評註,台北:學生書局,民國 72 年。

三、其它相關著作

(一)書籍類

1. 《牟宗三先生七十壽慶論文集——牟宗三先生的哲學與著作》,台北:學生
   書局,民國 67 年。
   〈圓教、邏輯〉,李天命,頁 8041～832。
   〈儒學的超越意識〉,楊祖漢,頁 709～724。

〈牟宗三論智的直覺與中國哲學〉，劉述先，頁 725～760。

〈德性之知與見聞之知〉，載連璋，頁 68～708。

2. 《價值是什麼》，方迪啓（Risieri Frondizi），黃藿譯，台北：聯經出版社，民國 73 年。

3. 《倫理學》，史賓諾莎（Spinoza），賀自昭譯，台北‧仰哲出版社，民國 71 年。

4. 《神學的人學》，谷寒松，台北：光啓出版社，民國 77 年即將出版。

5. 《人與上帝》，李震，台北：輔仁大學出版社，民國 75 年。

6. 《物理之後──形上學的發展》，沈清松，台北：牛頓出版社，民國 76 年。

7. 《道德觀要義》，周克勤。三冊，台北：商務印書館，民國 59 年。

8. 《中國人性論史（一）》，徐復觀，台北：商務印書館，民國 73 年。

9. 《儒道天道發微》，傅佩榮，台北：學生書局，民國 74 年。

10. 《人的宗教向度》，傅佩榮，台北：幼獅書局，民國 75 年。

11. 《西洋哲學辭典》，項退結，台北：國立編譯館、先知出版社，民國 65 年。

12. 《形上學》，曾仰如，台北：臺灣商務印書館，民國 74 年。

13. 《中國靈修芻議》，張春申，台北：光啓光版社，民國 67 年。

14. 《中國哲學史》，勞思光，四冊，台北：三民書局，民國 70 年。

15. 《宋明理學、北宋篇》，蔡仁厚，台北：學生書局，民國 73 年。

16. 《宋明理學、南宋篇》，蔡仁厚，台北：學生書局，民國 73 年。

17. 《英漢信理神學詞彙》，輔仁大學神學著作編譯會，台北：光啓出版社，民國 75 年。

18. "Sacramentum Mundi"，Karl Rahner 編，台北：雙葉書局，民國 60 年。

(二) 期刊類

1. 〈孟告了解人性之進路探討〉，何淑靜。《中國文化月刊》，七一期、七二期。

2. 〈中國哲學與基督宗教會通的可能〉，陸達誠，《哲學與文化》，十二卷期，（民國 74 年）。

3. 〈圓善論評介〉，陳錦鴻。《哲學與文化》，一五〇期，（民國 75 年 11 月），頁 69～72。

4. 〈人性向善論〉，傅佩榮。《哲學與文化》，十二卷六期，（民國 74 年 6 月），頁 25～30。

5. 〈儒家思想的時代課題及其解決線索〉，傅偉勳，《哲學與文化》，一四一期，（民國 75 年 2 月），頁 27～42。

6. 〈大陸三週學術演講旅行後記（下）〉，傅偉勳，《哲學與文化》，一五九期，（民國 76 年 8 月）。

7. 〈牟宗三哲學中之實踐問題〉，孫善豪，《哲學與文化》，一五一○期，（民國 75 年 2 月），頁 46～63。

8. 〈當代中國之宗教哲學研究〉，劉錦昌，輔仁大學哲學研究所碩士論文，（民國 72 年）。

附錄一　就陽明學要旨略論新儒家哲學復興之契機

一、前　言

　　陽明致良知教可以說是宋明儒學的高峰。然而從思想史的角度來看，新儒學的發展在明、清，乃至民國以來卻不能持續此一高峰，且有每下愈況的趨勢。時至今日，新儒家哲學雖略有迴轉之氣象，但也僅限於學術圈之內。就一般社會而言，西方事物是生活，東方文化只是知識，而且是專家的知識。當年胡適倡全盤西化的理論雖已受到批評，然而從文化生活的現象看來，這已是一個事實。問題關鍵就在於這一事實對文化各層面的影響如何？以及我們應如何予以導向。

　　文化是集體生活不斷發展開創的總集成。在它演變的過程中，該淘汰的終必淘汰，該創新的亦必創新。死守過去傳統而一成不變或拋棄傳統以無中生有，都是阻礙文化發展的兩極化態度。當前文化生活的西化雖有其不得不然的成因，然而百年來急速的西化已使東方文化的發展形成斷層。這一斷層對文化的傷害，撇開文化情感不講，實已使今日的中國成為無根之木，長而不茂；無源之水，流而不長。

　　儒家思想主張繼往開來與返本知新。在這文化真空的斷層時期，此無疑是談文化薪傳所必需有的文化智慧。陽明學則是儒家思想之圓教，雖然其後之儒學發展不能與時並進，然而我們以陽明學作基礎來對儒學作思想史的考察及理論內部之反省，無疑是今日談新儒學復興契機之允當題材。

　　為了便利討論，本文分三個進路。首先我們由儒學在明清以後的發展來看它坎陷的過程。當然，這並不是說儒家思想在近代的發展一無可取，而只是願意正視它的消極面，從而發現它不利於文化發展的因素，而能更展新機。至少我們必須承認儒家思想乃至整體中國文化，曾在五四之後被許多知識份子徹底揚棄，視之為封建保守的古物。如果我們不能正視其中的因素，那麼不僅在文化生活的全體它將無立足處。即使在學術思想圈中，它也將成為死的知識。

　　從思想史的進路探討了新儒家坎陷的歷程，我們要回過頭來在理論上檢視陽明學。從陽明學立場來看儒學的坎陷是否是理論內部的缺失。由此可以探討：以陽明學為巔峰的儒家思想，在因應多元文化衝擊的此時，本身是否真具有繼往開來，固本迎新的涵容與可能性？如果我們能肯定儒家思想此一涵容可能性，就能進一步談到如何去蕪存菁的批判繼承了。

　　本文最後一部份正是希望對新儒學內部從事批判的工作。蓋哲學思想的故步自封適足以抹殺它進一步發展的生機。我們即使肯定儒學理論的優越性，亦必須從事日日新苟日新的努力。如此才算是善予紹承，亦才能為新儒學的發展奠下基礎。放眼今日的文化危機，儒學的自我反省確是談儒學復興契機的根本所在。

二、從陽明後之儒學發展談起

　　宋明理學數百年之學術，可以說都是圍繞著心性工夫而建立的。陽明學則更是宋明心性工夫的總結。宋明時代所以重視心性工夫，並不是這一時代的知識份子喜愛清談。魏晉清談是佛老的，故是玄虛出世；宋明談心性是孔孟的，根本上有著儒家入世的擔當，故與魏晉清談不能相提並論。不過基本上宋明的心性論並沒有開出外王經世之學，太重向內工夫的結果，使得原有實踐要求的儒家心性論，顯得有些失調。

　　陽明的出現使此一失調的現象有所改變。他的致良知教是心性工夫的圓教，他的彪炳事功更說明了他的思想之踐履性。在他而言心性工夫正是踐履工夫，所謂知行合一的致良知就是此意。

　　明清之際，知識份子處於異族入侵中國的動盪時代，現實感與經世意願都非常強烈。因此在經世致用的要求下，對用心於內的心性工夫極其反感。陽明的致良知雖是知行合一，但畢竟只拈出致知的心性工夫，使人不易整全

的掌握其要旨。再加上陽明後學又不善紹承師學，等而下者竟有落於狂肆憚悟者。故明清之際，學者批判宋明，首先針對陽明學派，再擴及對宋明全體之總批判。例如顧亭林曾說理學就是禪學；〔註1〕他認爲心性之學是一種逃避現實，不能成就事功的空虛茫昧之學。黃宗羲基本上同情陽明，曾說陽明有功於聖學，但對於王門後學混合儒佛、沉迷玄說的風氣極不以爲然。對於整個宋明理學之傳統，他也以爲只重心性義理有所偏狹，儒者應通經史、文章。其它如王船山、顏習齋，都曾對宋明儒學偏於立本的向內工夫表示不滿，甚而有將明朝之亡，歸咎於宋明儒只論內聖、不求外王者，由此可見「用心於內之心性功夫，在明清之際幾乎已成爲時代禁忌」。〔註2〕

　　明清之際對心性之學的反動，是由於學者對現實的強烈關懷。表現在學風上便由心性的重視，轉爲對經世的關注。對經世的關注如何落實呢？明清儒者鑑於王門心學不重讀書窮經，乃至落入高遠玄虛的地步，因此又重新重視經書的地位。黃梨洲主張「經術所以經世」，顧亭林亦認爲「人苟徧讀五經，略通史鑑，天下之事自可洞然」。其它如王船山、顏習齋亦以爲經學是實位天地、實育萬物之學。一般大儒均深信：要講經世，就不能只空泛地坐論心性，必須窮究古今事變並通春秋大義，如此才能由虛玄而落實，通春秋大義及古今事變，正是在於重視經書。因此尊經的學風流行一時。經世致用亦成了通經致用。

　　通經致用的尊經原是爲了經世外王的目標，然而當經學的地位膨脹起來，學者便由宋明的空虛玄遠一變而爲食古不化。林聰舜先生曾論這一段思想史說：「過度尊經會誤導學術方向，使學者鑽進故紙堆中，埋葬了原先經世的理想」正是最好的說明。

　　食古不化表現在兩方面，其一就是開出了詞章考證之學。詞章考證原本有其獨立的學術價值，然而學者若坎陷其中不能挺立出來，其後果不惟不能達到經世致用的理想，甚且連內聖的心性工夫都會有所疏忽。其次就是封建的保守心態。過度重視經學的地位很自然容易形成一種自我封閉的保守心態。其結果就是自我膨脹而排斥異學。此時又正是西學東漸的時代，他們既不能正面因應西學的衝激，又不能涵容其多元之精華，很自然使得中國文化

〔註1〕　《亭林文集》，卷三，與施愚山書。
〔註2〕　對宋明儒過度重視心性工夫之流弊探討，可見於林聰舜著「傳統儒者經世思想的困境」一文，《哲學與文化》，十四卷，七期。

在政治、經濟、學術各層面都呈萎縮停滯的現象。此一現象持續至民國肇造，中國在西方強勢文化的壓迫下，以儒家思想為首的中國文化便遭遇了空前的反動。所以五四以來會有所謂的西化論戰，許多學者不再能肯定中學的價值而認為「中體無用」，主張全盤西化。此一全盤西化的主張就今天看來，雖亦已有些過時。然而其中顯現出中國知識份子，在時代的大動盪中，由極度自尊到否定自我，似乎很難在這兩極中，掌握住其間繼往開來的中庸大道。

三、就陽明學要旨論新儒家哲學的中庸高明

從以上「史」的探討中，我們看到陽明之後，儒學演變的一波三折。先是學者在專求務本中疏忽了務本本身具有的向外踐履幅度，於是務本成了虛茫遺事的向內工夫。這一專務內向的學風在一動盪的時代中自然要受到抨擊。然而抨擊向內工夫的結果是走向另一極端，專務經世而遺卻本心。遺卻本心的意義不僅是指內聖之學的一種真空，更嚴重的是學者否定了心為「萬物皆備於我」的應事虛靈能力後，經世之學就成了窮經之術。學者以為古今事變能從六經之古制中找到完美典型，而不再從即理之本心上掌握「時中」原則，於是經世的意願在故紙堆的陷溺中又變成了另一種的反經世。這一相反經世的保守作風在西學的入侵對比下，遂又興起了知識份子對儒家思想之全面反動。我們在這段儒學的坎陷歷程中，不禁要問：是否新儒家的哲學是一死的哲學，它的理論內部根本就具有自我矛盾的缺陷？對於這一問題的處理，我們擬由陽明學的要旨入手探討。蓋陽明學既是新儒學之一高峰典型，由對它的探討，必能有助於了解新儒家思想本身是否具有足夠的涵容智慧，在文化衝激的時代中，重新作為繼往開來的生機主體。以下本文分兩點進行討論，首先從陽明的良知教出發，討論新儒家心性工夫是否必然引致內向之自我陷溺。其次，從陽明的心即理說，論本心之應古今事變，正是通曉經術後落實踐履之根本工夫。

（一）論陽明致良知教之知行合一足以剋勝心性工夫之內向陷溺

有些學者認為「心性工夫畢竟是一種無止境地向內求索的歷程，由此鑽研進去，勢必會消耗很多精力，造成其他領域活動的萎縮」。〔註3〕這段話似乎認定心性工夫必然只能是一種向內求索的過程。就思想史的角度來講，這

_____
〔註3〕同上註。

段話的內涵就是認爲儒家心性論的陷落歷程，乃心性工夫理論內部之缺陷所導致的歷史必然性。對於這一點作思想史的考察，確實可以發現：專注心性工夫的思想會引發某種泛道德主義，這種泛道德主義會抹殺人生多層面價值之活動，最後反而陷落於內在的空虛中成爲一種反道德。然而心性工夫是否在理論上就只能是一種向內求索的歷程呢？從陽明的致良知看來，答案是否定的。致良知非但不是向內窮索的歷程，事實上它正是兼內外而合知行的心性工夫。

首先我們由陽明論大學三綱中明明德與親民的關係來說致良知兼合內外之道。陽明論明明德與親民的關係與先儒論點極其不同又別具深意。先儒常是從工夫次第的角度來詮釋由明明德至親民的工夫歷程，此一歷程是由內而外、己立而後立人的。陽明講明明德與親民則不從次第立論。他認爲明明德就在於親民，親民正是所以明明德。這一論點就是把內外合說而不將之視作兩截工夫。蓋獨善其身若指的是在濁世中特立獨行、堅持原則，是可以說得通。但若指只顧著自己達于善境，不論別人死活，則是自相矛盾。陽明以爲「善心與人同」，故沒有所謂獨立於親民之外的明明德，欲明明德就必須將一體之仁呈用於親民的關係中。

致良知亦是如此。陽明講致良知確實是講心上之工夫，但這一心上工夫非但不是向內之空虛之論，並且更是與實事實物結合的實地工夫。陽明心學重實事的幅度並非由他開始。宋儒陸象山的心學也是在心上論實地工夫，象山所謂：「在人情事勢物理上下工夫」正是此意。由此可見陸王心學雖以「心學」見名，但其正傳絕非後儒所貶爲的狂禪之學。以下再回到陽明的致良知，具體的說明何以致良知是與實事實物結合的實地工夫。

陽明有一屬官聽了致良知教後，雖心中喜歡，但是覺得一方面有簿書訟獄的繁雜外務，一方面還要在心性上下致知的工夫，未免有一心難於二用的疑惑。這一屬官的疑惑正是內聖工夫與外王事業的某種對峙張力的具體例證。由陽明對此屬官的答語，最可以見得何以致良知教是合內外的工夫。陽明說：「我何嘗教爾離了簿書訟獄，懸空去講學？爾既有官司之事，便從官司的事上爲學，纔是眞格物。如問一詞訟，不可因其應對無狀，起箇怒心。不可因他言語圓轉，生箇喜心。不可惡其囑托，加意治之。不可因其請求，屈意從之。不可因自己事務煩冗，隨意苟且斷之。不可因旁之譖毀羅織，隨人意思處之。這許多意思皆私，只爾自知。須精細省察克治，惟恐此心有一毫

偏倚，枉人是非，這便是格物致知。簿書訟獄之間，無非是實學。若離了事物為學，卻是著空」。〔註 4〕陽明這段答語正是具體地從心上應事之各個層次來談如何致良知於事事物物的心性工夫。這樣的工夫不但不能說是向內陷溺的工夫，而且正是所以剋勝向內陷溺的內外合一之道。

（二）從心即理說論吾心應事之虛靈不昧為通曉經術之根本工夫

　　心性工夫一旦流為不務實踐的虛范之學就會受到批判，此不惟明清之際諸儒對之口誅筆伐不遺餘力，陽明亦評不務實之心性工夫為有枯槁之病。不過陽明與明清諸儒不同的是他反對枯槁陷溺的心性工夫，卻仍肯定合動靜內外的致良知。明清諸儒只見心性工夫之弊，遂視心性工夫為禁忌，於是由反對向內而變為極度向外。向外之經世原是知識份子擔當感之表現，流而不務本之經世，必定另循典範。於是「寄望在經書中尋找到解決時代問題的靈感的尋寶心理，很容易產生尊古的情結，表現出懷古的、虛幻的、僵固的心態，使儒者忽略了實際改革所必須面對的問題，而流於迂腐」。〔註 5〕儒者的迂化是否表示儒家真的具有尊先制、法先王的濃烈情結呢？

　　若說儒家思想具有一種法先王先聖的情結是可以的，但不能將之視為一種食古不化的歷史倒退論。蓋儒家的尊古是在某種道德意識下的托占同天，將大同德治的理想托於不可考的三代之世。德治理想的具體規模必須與時並進，才能落實於時代課題中。因此真正的儒家不應只是尊古制的封閉人，更應是有著深刻道德理想而與先聖先王遙相契印的開放人。

　　陽明絕不反對經術，只是經術既在於經世，而世事之不居又必待吾心精察於感應酬酢間，因此通曉經術以經世的根本工夫仍在心上用功。對於世事的不居與吾心如何即理應之，陽明曾以規矩尺度喻良知，方圓長短喻節目時變而論道：「夫良知之於節目時變，猶規矩尺度之於方圓長短也。節目時變之不可預定，猶方圓長短之不可勝窮也。故規矩誠立，則不可欺以方圓。良知誠致，則不可欺以節目時變。天下之節目時變不可勝應矣，毫釐千里之謬，不於吾心良知一念之微而察之，亦將何所用其學乎？」。〔註 6〕陽明以此喻說明良知如何於時變中掌握「時中」，此後本文再舉實例佐證。這裏先引出一個重要觀念：權。權就是權衡，能夠依於天理而作權衡者只在於吾心。節目時

〔註 4〕《陽明傳習錄集評》，卷下，陳九川錄，頁 297，商務印書館，陳榮捷。

〔註 5〕同註2。

〔註 6〕同註4，《傳習錄》卷中，答顧東橋書，頁 182。

變之無常既難預定，掌握常理的工夫即在於致知而權。故陽明答門人問孟子之「執中無權猶執一」〔註 7〕時說：「中只是天理，只是易。隨時變易，如何執得？須是因時制宜。難預先定一箇規矩在」。〔註 8〕這句話中，因時制宜就是權，而所以權者就在致吾心之良知。陽明舉舜之不告而娶與武之不葬興師來具體地說致知之權：「夫舜之不告而娶，豈舜之前已有不告而娶者爲之準則，故舜得以考之何典，問諸何人，而爲此邪？抑求諸其心一念之良知，權輕重之宜，不得已而爲此邪？武之不葬而興師，豈武之前已有不葬而興師者爲之準則，故武得以考之何典，問諸何人，而爲此邪？抑亦求諸其心一念之良知，權衡輕重之宜，不得已而爲此邪？使舜之心而非誠於爲無後，武之心而非誠於爲救民，則其不告而娶，與不葬而興師，乃不孝不忠之大者。而後之人不務其良知，以精察義理於此心感應酬酢之間。顧欲懸空討論此等變常之事，執之爲制事之本，以求臨事之無失，其亦遠矣！」。〔註 9〕由上可知心之爲用大矣哉。在生命的節目時變中，我們常常不能找著一外在之典範以爲準則，如何能夠應事以理，就在於致良知的心性工夫上。當然，講究致良知並不就可以忽略經術之通曉。陽明最後一段話說不要「懸空」討論變常之事，正是說人應當探究變常之事，只是要人不要懸空。此「不要懸空」一語正是以「致良知爲通曉經術事變之根本工夫」之意。

　　由上兩節的討論看來，陽明新儒學之理論內部確實具有一種兼涵內外的工夫體系，這一體系的整合性足以避免內外之兩極化而爲一中庸高明的哲學。掌握住它的整合性就能進而談新儒學之復興契機。當然，理論之整合性並不保證傳承時就能避免偏頗的流弊。以下我們將正面地批判儒學內部之缺失，並以思想史中的偏頗處爲借鏡，從而開創出更具多元性而富生機的新儒家哲學。

四、從批判的繼承論新儒家哲學復興之契機

　　本文前言已經提到文化之發展一方面需要返本溯源，一方面需要突破創新。就前者來說，陽明學所展示的整合性是一種高度的文化智慧，我們必須有以繼之；就後者而言，新儒家哲學亦並非完整無缺，我們應在繼承中有所

〔註 7〕《孟子・盡心篇》七上，二十六章。
〔註 8〕同註 4，《傳習錄》卷上，陸澄錄，頁 89。
〔註 9〕同註 6。

批判。

傅偉勳在一篇文章中提到：「中國哲學一向擅於外在批評，卻常缺乏內在批評，因此偏重道統的傳承而忽略哲學思想的突破與創新」。〔註10〕的確，證諸史實，中國的知識份子多半以紹承先聖道統為己任，鮮有敢於批評先聖者。今天我們若不能正面地對儒學內部進行批判，那麼不僅談不上推陳出新，即令守成固本也是難矣哉了。對於新儒家思想的正面批判，本文擬分三節進行。首先就思想史中政治道德化之流弊加以反省，試論其中之正誤，而予儒家之精義定位還原；第二節將從陽明致良知之大學工夫論新儒家思想汎道德式之單元簡易型態。此一簡易型態的思想模式雖在理論上不必然與外王事業相衝突，然而一旦忽視了外王之獨立領域及其專業性，就會產生反中庸的弊端。最後一節是第二節討論的延長，我們將說明汎道德主義之過度膨脹會使得知識領域的真理追求萎縮，而使汎道德主義原始之道德目標扭曲，最後將使泛道德主義淪為反道德主義。

（一）對政治道德化各面之反省

「政治道德化」代表一種化約主義的弊端，已是現代的思想家所熟悉的問題。傳統儒家的德治理想原本並非政治道德化的化約主義，然而達到德化境界的途徑過於倚重聖君賢相的教化，卻疏忽了客觀制度的建立，確實使得儒家的德治理想受到傷害。關於客觀制度建立之疏忽部份，本文併於下節討論。此節則專就聖君賢相之觀念提出反省。

聖君賢相的觀念雛型可以溯源於先秦孔孟的言論中。例如孔子曾說：「政者正也，子帥以正，孰敢不正？」（《論語‧顏淵篇》），又說：「一日克己復禮，天下歸仁」（《論語‧顏淵篇》）。孟子也曾說：「先王有不忍人之心，斯有不忍人之政」（《孟子‧公孫丑上》）。這幾段關於人君的言論透露出兩種訊息：其一、人君既是一國之君，國家社會的道德秩序將以他作典範，並且人君的道德挺立必可以教化社會之成員。其二、君王只要是一仁聖之君就足以臻一國政治於德治境界。這兩點訊息代表聖君賢相的原始觀念。此觀念幾為各代儒者所共同持守，歷千年而不移。間或也有疑其過於簡化政治社會的複雜性者，然多屬零星之論。

為何過於倚重聖君賢相的教化，在思想史中，會使得儒家的德治理想受

到傷害呢？蓋在孔孟時代，政治社會的規模尚小、政治的專業層次不高，一個人君是否成為一個好的君王，端視其品德的高下。是以孟子可以由不忍人之心說到不忍人之政，而不必考慮其間的差距。同時，在那個時代，道德主體的挺立尚不是普遍的事，故君王在推動道德秩序上亦有其不可替代的教化作用。在這樣的背景下，原始儒家的德治理想自然以聖君賢相為具體的實踐途徑。

　　然而隨著時代的進度，政治社會愈趨複雜，道德主體的挺立亦普遍開顯。聖君賢相的觀念就必須有所修正，否則就會與原本的德治理想背道而馳。拿道德主體的挺立來說，這原是極重內在的思想，並是由內而外的內聖外王。聖君賢相的教化則是由外而內，由上而下的。這為主體性尚未開顯的時代有其不可缺的作用，但在宋明儒學極力開顯主體性之後，就不當再固守傳統而必須以新的內涵來擴充它了。

　　對於聖君賢相觀念的批判性繼承，陽明的思想極具示範作用。例如前面所引用孔子語「一日克己復禮，天下歸仁」一語，先儒因篤信聖君賢相的教化功能，多作效驗解。陽明則反是，他說：「聖賢只是為己之學，重功夫，不重效驗。仁者以萬物為體……全得仁體，則天下皆歸於吾仁」。〔註11〕由上可知，陽明可能已經注意到一人之成聖，恐不足令全體社會均有歸仁之效驗，故他從一體之仁來釋天下歸仁。此一新的詮釋正是在不同時代中賦予舊思想以新內涵的作法。

　　由陽明思想的範例，使我們反省到：今日吾人應如何繼承儒家的德治理想呢？首先我們應該肯定德治理想並不一定是化約主義的政治道德化。拿政治道德化來說，傳統儒家思想中把政治問題視同道德問題，於今日看來，固然有所偏頗而應予以揚棄。然而，政治道德化若指的是：政治應受道德價值的領導與規制，則正是德治理想的一個層次，我們不但不能忽視它，還應該好好的繼承並有以光大之。再如聖君賢相的問題。有些學者似乎認為這是儒家過度重視道德後，在理論上必然形成的政治道德化的困境。〔註12〕其實，

〔註11〕　天下歸仁一語，其實有很多解釋。《正義》：「言己若能敬身，則百姓歸己善名」是一義；程石泉《論語讀訓解故》：「凡能克服一己之私，而能遵循禮法，則天下之人復歸於仁道」則是本文所謂之效驗解。先儒以教化觀點立論時，多持此義。南懷瑾《論語別裁》：「天下歸仁就是歸到物我同體的仁境」，此解則與陽明近似。陽明之語見《傳習錄》卷下，黃省曾錄，頁339。

〔註12〕　同註2。

若說「儒者企圖透過聖君賢相以達到內聖外王的理想是一種一廂情願的悲願」是可以說得通。並且在史實上，儒家在承繼思想時缺乏內部批判，亦確實造成這種流弊。然而若說儒家重德治理想的理論本身會導致聖君賢相的過度效驗化，則並不符合事實。蓋聖君賢相原是適用某些時代以達到德治理想的具體途徑，真正的儒家精神絕非固守這些具體途徑，卻應在每一時代中按照時代的脈動走出自己的路來。換句話說，理想可以是永恆的，但通往理想的途徑卻必須因時制宜。一旦死守傳統途徑而不知善紹傳統理想，一方面很容易會脫離時代的脈動而停滯不前。另一方面亦會使理想與途徑的分際模糊，而終使人懷疑理想以致否定了理想。職是之故，我們在探討儒家德治理想與政治道德化的流弊時，需將理想的還給永恆，途徑的還給時代。如此才能將儒家之精義予以定位，而不致由流弊否定理想，或是死守途徑卻忘記了永恆理想之所在。

（二）論陽明大學工夫之單元簡易型態之流弊

前面論陽明致良知時，曾提到它是兼合內外的心性工夫。拿內聖與外王兩個向度來說，陽明內聖的工夫就是外王，而外王正是所以內聖的事業。這樣的工夫體系以道德實踐為核心觀念，貫串身修天下平兩個範疇，而成為道德一元化的思想型態。平心而論，陽明此一思想體系的單元簡易性是其特色亦是其優長。內聖是道德內事固不在話下。外王又何嘗離得了道德？外王離了道德恐怕就成了為己不為人的功利霸業。此外，儒家立論總是在最吃緊處著手。為一般人而言，成為專家比成為一個有德之人，往往來得容易些。蓋人只要渴望求生存謀發展，無不有自動自發努力不懈地成為專家的，然而成為一個有德的君子就不是這麼迫切了，除非一個人的道德主體性挺立出來，他是不會發現人之所以為人的可貴幾希，而亟願盡致良知於事事物物的。由此看來，道德心性之開顯既是如此重要又是一般人最易疏忽處，無怪乎儒家以之為最吃緊處而世世代代為之栖栖惶惶，大聲疾呼了！

然而，只重道德心性的單元簡易哲學終是有弊的。它的弊端之根本因素就在於人拿捏不住人之所以為人整全各面的自我實現而有所偏頗，並且一旦人的自我實現有所偏頗則會反過來破壞人的自我實現。以儒家所謂最吃緊處的道德心性來說。其中的「最吃緊處」的意義若不能得其正解就會使人忽略事業領域的獨立性以及成為專家需要努力不懈的事實。此一忽略會導致人在專業領域中不能善盡本份，如此便會反過來造成對道德價值的傷害。

以陽明而言，陽明自始至終就重視致良知，這是掌握住了人生時變節目的最吃緊處。但是在他的若干話中，確實有疏忽實務之事業性並將之簡單化的傾向。例如鄭朝朔問溫清奉養需講求否，陽明答說：「若只是溫清之節、奉養之宜，可一二日講之而盡，用得甚學問思辯？」（《傳習錄》卷上）。就溫清奉養等日常工夫而言，陽明的回答可能沒有太大問題，但是放到政治、經濟、軍事等關係重大的事物時就行不通了。尤其是現代政治社會的種種實務，其複雜的內容非專業之訓練不足以為之。若只務致良知而肯定外王事業的獨立領域，那麼不僅外王事業不能做好，而且正如前面所提到的，外王乃所以內聖，外王之不能善盡其職亦使內聖之致良知有所不盡。

最後附帶一提的是：忽略外王事業的獨立性亦使得傳統儒家不重視客觀制度的建立，這一點亦是前節所謂不能予德治理想之實踐以時中之定位，而導致過度倚重聖君「人治」的結果。此一結果使政治領域與道德問題糾纏不清，而大大妨礙歷代政治之革新。

（三）知識探求之閉鎖將使泛道德主義成為反道德主義

無論從理論內部或思想史進展來看，儒家哲學的根本課題都是道德的。宋明儒學有道問學與尊德性之爭，其實不論道問學也好，尊德性也好，其抗爭的基源都是道德。朱子講即物窮理，所窮者即使是物理，亦是道德化的處物之義，鮮有專講客觀物理之論。拿思想史來說，本文第一部份所談的新儒之坎陷過程，其間不論繼承也好，揚棄也好，其基源關懷亦都是道德的。例如宋明儒基於道德上的務本而講心性工夫。明清之際諸儒卻基於道德的實踐要求而揚棄心性理論。對於道德的高度重視原本無可厚非，但是拿捏不住道德與其它領域的整合性，就會成為一種泛道德，亦即以道德取代其它領域的價值追求。本節謹略論知識領域泛道德化之弊端。

知識探求的領域基本上可分作兩大範疇。主體的知識與客觀的知識。主體的知識主要就是指價值之知，另外也可包含美感之知。客體知識則指經驗事實或客觀物理等主體以外的知識。主體知識指向美善，客體知識則終於真理。這兩者各有其獨立的領域，非但不互相矛盾，而且相輔相成。孟子所謂：「可欲之謂善；有諸己之謂信；充實之謂美；充實而有光輝之謂大；大而化之謂聖」（《孟子·盡心篇》），正是說人生在真善美各種層次的價值追求，若能達到一種整合的化境便是入聖了。

宋明儒以來的新儒學發展，由於泛道德主義的擴張，使得儒者鮮有重視

道德以外的價值追求者。新儒學雖將知識分爲德性之知與見聞之知，但基本上並不重見聞之知。見聞之知即前所謂客體知識之部份。儒家忽略見聞之知實是對客體知識之忽略。此一忽略之結果可以引傅偉勳的說法敘述如下：「以德性之知爲優先於聞見之知的結果，不但容易忽視聞見之知的獨立性與重要性，也很容易動輒混淆道德價值問題與經驗事實問題，由是產生嚴密科學研究態度的奇缺」。〔註13〕科學研究態度的缺乏不僅使中國開不出西方的知識之學。更重要的是，眞理探求之不足所造成之知識閉鎖，亦使道德的價值受到挫折。蓋眞與善心必須相輔才能相成，一昧著重道德善的追求而忽視知識眞的價值，便自然相反原本求善的企向了。由是我們便可看出，重視道德價值原是極重要的事，然而一旦成了泛道德主義，使其它的價值層面萎縮，泛道德就會成爲反道德。

五、結　語

　　從現代的文化生活看來，中國人西化的程度似乎已到了使本身文化不知何所立足的地步。這樣的文化危機使吾人必須思考形成文化困境的因素。很明顯的，以儒家思想爲核心的中國文化，它所提供的道德價值與修養工夫是任何時代都不能或缺的，那麼何以我們的文化會形成斷層，變得只像是學術界的圖騰，而不能與時代的脈動結合呢？

　　以陽明學來反省此一問題，可以以一個觀念來提供部份解答的線索。那就是不論從文化史的過去或現在來說，我們缺乏整合的能力。以思想史的過去而言，近幾百年新儒學發展的種種流弊，幾乎讓人懷疑儒學內部理論是否有不可解消的矛盾，好比內聖與外王的衝突，道德與知識的不相容。但是從陽明學的致良知與知行合一來看，各種流弊的滋生似乎不在於理論的缺失，而是在於儒者欠缺一種整合的智慧將之統貫地吸收並發揚。以當代來說，一般知識份子汲汲於專業技術亦是另一種的不整合。人們的物質追求一旦過度膨脹，使道德與其它精神價值萎縮，就會使得自我實現所需的整全性受到傷害，而與物質文明所欲達到的幸福境界背道而馳。這一點與過份重視道德的汎道德會造成反道德的後果是類似的。這兩種偏頗都使得整合的人性所需要的多層次與多元化價值追求難以實現。

〔註13〕傅偉勳，「儒家思想的時代課題及其解決線索」，收錄於《批判的繼承與創造的發展，台北：東大。

　　由陽明學本身在心與物、知與行、內聖與外王等方面的整合性而言，新儒家哲學自有其優越性。雖然這一哲學本身並不是科學，亦不提供現代社會外王經世的具體理論。然而它的整合性要求它與現代化的科學知識，經世理論相結合。另一方面，當代以科技為首的物質文明亦需要傳統儒家思想的挹注，以賦予並提昇它的存在價值，否則它終將成為失控的盲目機器。職是之故，陽明學之整合性所透露的新儒學之優越價值，不僅是新儒學復興的契機所在，更是此一新舊交替、多元衝激的大時代中，言文化之繼往開來所不可或缺的文化遺產。

附錄二　論朱陸異同與會通

壹、前　言

　　朱陸異同是宋明以來爭訟不已的一大公案。對於此一公案之掌握,本文擬自兩個方向著手。首先我們將朱陸思想的基源關懷予以十字分解,分別從天道（形上學）、性命（人性論）、工夫（工夫論）三方面見其各自之擅場,以便對朱陸思想的各面有一分疏之理解,並比較兩家思想之異同。其次我們將從整體的眼光以道觀之,先將「正理不二」與學術雜陳之間的表面矛盾作一安頓,再進行朱陸異同的整合會通。象山說:「此心此理,不容有二。」〔註1〕及「塞宇宙一理耳,學者之所以學,欲明此理耳。」〔註2〕我們確信天下無二理,且百慮終當一致。朱陸在學術上即使殊途,並不使正理成為相對或雜多。更進一步的說,肯定理之為一再加上對朱陸二學分疏各面的理解,正是談朱陸會通的真正契機。

貳、朱陸異同

一、形上思想部分

　　形上思想是人性論與工夫觀的基礎,因此我們先自形上思想談起。朱陸

〔註1〕《象山全集》卷一,與曾宅之書。
〔註2〕同上,卷十二,與趙詠道書（四）。

形上思想的異同可以從三方面來說：首先是理氣論的問題；其次是對陰陽的不同看法；最後是無極太極之辯。

（一）理氣觀

易講易道，即形上生生之道，易道與宋理學之相接處即「理氣」。朱熹承伊川對理氣的看法，亦肯定「理在氣先」與理氣不即不離。朱子云：「未有事物之時，此理已具」〔註3〕、「有此理後，方有此氣」〔註4〕這就是說每一事物殊別之理皆先於其個別之氣。此一先存性便表示了在存有性上理氣為二。不過朱子又說：「天下未有無理之氣，亦未有無氣之理」〔註5〕表示理氣雖為二物，但卻常在一起。而另外一句「理非別為一物，即存乎是氣之中。無是氣，則理亦無掛搭處。」〔註6〕則更明顯的說出理氣不離的必然性，總之，就存有性而言，理氣是截然可分的。就理論次序來講，理應先於氣而可為氣之決定者。再就存有者而言，則理氣可說是在運行中之不相離。

象山之理氣觀不同於朱熹，這一點我們從二程身上便可以發現。我們說陸氏思想在「程門已有此一種」。明道說：「器亦道、道亦器」，象山與之相應亦有「理事不二」的主張。象山語錄首句便說：「道外無事、事外無道」。這句話原與朱熹論理氣不離沒有太大差別。不過象山一方面以「理」為宇宙萬物之根源。另一方面又以「心即理」將理之根源轉移為心。於是「宇宙即吾心，吾心即宇宙」〔註7〕宇宙萬物便成了心所娑生之唯心論了。此外，道外無事與事外無道若被理解成「理即是氣而氣即是理」，那麼象山之理事不二便成了與朱熹相對之理氣一元論。

（二）陰陽觀

朱熹云：「太極只是理，理不可以動靜言；唯動而生陽，靜而生陰」。〔註8〕這就是說理之發用才有陰陽變化之流行過程。理是形而上的，因此朱熹視陰陽之流行過程為形而下者。象山則不然，象山以動態之本體觀視「氣」之流行過程即理。陰陽之變化故而成了形而上的道。此外，對於易大傳中所言「一陰一

〔註3〕 《朱子語類》，卷九十五。
〔註4〕 《朱子文集》，卷五十八答楊志仁。
〔註5〕 《朱子語類》，卷一。
〔註6〕 同上。
〔註7〕 《象山全集》，卷三十六年譜。
〔註8〕 《朱子語類》，卷九十四。

陽之謂道」之解，朱陸二賢亦各持不同的看法。朱熹以爲此語應作「所以一陰一陽者爲道」〔註9〕解，陰陽本身爲形器，象山則以說卦「立天之道，曰陰曰陽」來解說，故認爲陰陽絕非形而下之器，而是形而上之道。

（三）無極人極之辯

陰陽理氣的問題，尚是形上學下層之宇宙論。太極的探討方爲形上學之最高範疇。平心而論，朱熹對於太極之討論較爲豐富，象山則少由形上學之角度言太極。我們先處理朱熹之太極理論，再談朱陸太極之辯。

朱熹說：「總天地萬物之理，便是太極」。〔註10〕我們欲了解太極究竟爲何，必先明瞭所謂總天地萬物之理是如何「總」法。勞思光先生將這「總」字，分爲總攝與總和兩層意義。〔註11〕所謂總攝就是說太極乃萬理之理、萬理之源。文集中「聖人謂之太極者，所以指夫天地萬物之根也」〔註12〕說的正是此意。所謂的萬物之根，正是從太極總攝萬理而言。所謂總和則是悉備萬理的全體泛稱，如「所謂太極者，只二氣五行之理，非別有物爲太極也」。〔註13〕上述太極之兩面相，就有限理智觀之，實在有所二律背反。朱熹對於具超越性格之太極之二律背反，是否已自覺地予以把握，我們並不確知。然則他確實了解太極是既具總攝義之超越性格，又內在於萬理之中爲其總和。這一點他也曾以「月映萬川」之喻以說明：「本只是一太極；而萬物各有稟受，又自各全具一太極爾。如月在天，只一而已；及散在江湖，則隨處而見，不可謂月己分也。」〔註14〕如此我們可以歸結朱氏之太極觀於下：自「分殊」言，他認爲太極內在於萬物，且爲萬理之總和；自「理一」言，他也以爲太極具總攝萬理之超越性。

反觀象山對於太極之處理，便略嫌粗淺。象山從乾知坤能之簡易出發，再從「心即理」而「理事不二」之一氣流行過程，自然得出太極爲充塞宇宙無形無相之實理。因此我們知道，對太極無形而有理的體認乃二賢所共有。然而朱陸無極太極之辯中，象山卻一再反對朱熹用「無極」二字。這一點恐怕只是引書訓字的枝節之爭，並無更深之立意。

〔註9〕　《周子通書》，首章朱注。
〔註10〕　《朱子語類》，卷九十四。
〔註11〕　勞思光《中國哲學史》，卷三（上），頁277～280。
〔註12〕　《朱子文集》，卷四十五答楊子直。
〔註13〕　同註8。
〔註14〕　同註8。

綜合上述對朱陸形上思想的討論，我們可下此結論：朱熹從分殊處著手見理，故細緻且具恢宏之形上體系。爲朱子而言，太極爲無形之萬理根源；理氣於運行中不離而仍見其不即性；陰陽爲理之發用所成之動靜變化，與萬物同屬形而下者。象山則從整合處見心、理、物之相即不離，其形上體系較爲簡易：太極與萬理之間並無清晰分解。「理氣不離」在他動態之本體觀照下，成了理氣一元，因而氣亦成了理。陰陽亦不若朱子從理之發用他端言說，而成了理之此端形上流行之道。

二、人性論部分

朱陸之人性論主要依附於其工夫論中，因爲二賢首要關懷者乃是道德的實踐問題。此處我們將他們論工夫時所透顯出對人性之看法予以整理。另外再就一些專論心性的題材加以比較：

（一）朱子對「心與性理不一」之詳密分疏

欲了解朱子對人性的看法，我們需先對他論「天」、「命」、「性」、「理」諸詞之究竟有一認識。語類有云：「問天與命、性與理四者之別，天則就其自然者言之，命則就其流行而賦於物者言之。性則就其全體而萬物所得以爲生者言之，理則就其事事物物各有其則言之。」〔註15〕這段話就是說：天是自然；命是天之所賦與者；性指一物之性質；而理是事物按其本性所呈現之法則。任何存有，其性、命、理是同一體之不同切面。有了以上的分疏，我們再來看朱子的人性論。

「性是心之所有之理，心是理之所會之地。」朱熹在這句話中，正是透過「心」來詮釋人性。不過朱熹所謂的心與孟子所談的不同。孟子的心是本心善端，是異於禽獸者的幾希。而朱熹言心，一方面言其爲「理之所會之地」；亦即肯定心有其即理而知覺不昧的層次。另一方面又將此即理之「心」關聯於氣質之昏蔽，而言其氣稟交雜的層次，因此，朱熹所謂的「心」，是天所稟之人性全體大用，而非只就其即理之層次來說。此外，朱熹向來持理氣不一（亦不離）之觀念。因此他所謂「即理之層次」，其中所說的「即」理，是指心能照見理而「合」於理，而不是「心即是理」之意。這一點使得他所謂的「理」，無論就自然存有或價值存有而言，都具有客觀獨立的性格。也使得他

〔註15〕《朱子語類》，卷五。

所謂的「心」，較具經驗主體的特色。

（二）象山「人心即道心」之一體統觀

象山學在自得而上宗孟子。其論人性便貼合於孟子所言：「萬物皆備於我矣，反身而識，樂莫大焉。」故他認為本心即道心，即人之性。對於心、性、才、情之分野，象山不似朱子有分疏詳解的興趣。他說：「聖賢急於教人，故以情、以性、以心、以才說與人，如何泥得？若老兄與別人說，定是說如何樣是心、如何樣是性情？與才。如此分明，說得好劃地，卻不干我的事。」〔註16〕象山顯然對支離地分疏人性並不熱衷。然而他並非不了解人性之分殊各面。《語錄》載伯敏問心性才情，象山答說：「不須得說，說著便不是。將來只是騰口說，為人不為己。若理會得自家實處，他日自明。若必欲說時，則在天者為性，在人者為心。此蓋隨吾友而言，其實不須如此。」〔註17〕可見在象山看來，對人性分殊之認知只是為人不為己的學術工夫。真正要理會人性，必須返復本心之實處才能自明。

象山說：「有善必有惡，真如反覆手，然善卻自本然，惡卻是反了方有。」〔註18〕由是可知象山認為人性本然是善。這一本善之人性再透過本心來理解，自然便得出「萬理皆於心」的心即理說。這裏值得釐清的是，象山所講心即理之「即」字，與朱子之講法不同；他不只以「即理」為「即於理而合理」，更強調本心即是理之根源。於是象山所謂的「理」其基礎便在於主體的本心；而其「本心」正是一先於經驗之超驗主體。

三、工夫論部分

朱陸在世時，呂祖謙即以二家之言有異，而約為鵝湖之會。鵝湖之會透露出簡易與支離入德工夫之歧異。歷史上學者均泛稱朱陸之異在於朱子以道問道為先，象山則以尊德性為重。其實綜二賢一生之言論而言，朱陸于尊德性道問學之間，雖略有輕重先後之別，但二者間真正的相異處卻不在此。兩家最大的差異乃在於對人性有不同的觀察，而表現於所以學聖之工夫門徑。前段中我們已討論過朱陸對人性的不同看法，接下來我們便討論其工夫論的異同。

〔註16〕《象山全集》，卷三十五語錄。
〔註17〕同上。
〔註18〕《象山全集》，卷三十四語錄。

（一）朱子的工夫論

朱子論性是就其為「萬物所得以為生之全體」而言。論人之性時再特別透過「心」來講。人之性必須實現於特定的氣質之中，因此必定伴隨各種物欲之需。氣稟物欲之需再併於存有及價值之理而即於心，總會於心。如此便建構心之全體。對如此的心，講希聖的工夫就必須克服下面一個問題——氣稟本身雖無善惡可言，然而其方向之「雜多」與實現價值所需之「純一」相抵觸。對此一問題的思索便成為朱熹工夫門徑的根本基礎。

朱熹的工夫論有三個層次，不過這三個層次並不能被截然劃分，而是有其了無間斷之連貫性。在論這三層的工夫門徑之前，我們先討論朱子工夫論傳承中的兩個曲折，再由這兩個曲折接至朱熹工夫之定論。

第一個曲折論及朱熹與「直下本心」之諸說何以不契。朱子之學脈雖亦繼自二程，並與龜山、上蔡、五峰之言有相交涉處。然而其所承二程的思想，卻是透過其對人性觀的取捨。朱熹了解「心有即理之明德層次，故能與理合一」，但是他也認為心的內涵並不止於此，因此他也繼承了二程思想中「心之關連於氣質昏蔽，而心與性理不一」的部分。據此而言工夫，其重點就必須放在氣稟之變化、己私之克除與人欲的導正上。這也就是為何朱熹對於明道之「識仁」、龜山之「大其心與天地萬物同體」，乃至於象山之發明本心等「直下本心」的工夫有所不契，且斥之為太高不切的原因。

第二個曲折是論及朱子對「已發未發」的反省。我們且先對「已發未發」作一觀念之界定，以免落入語詞的混淆中。所謂已發未發應就一特定的事例而言，才具意義。按現代心理學的了解，人的意識活動從無間斷，時時有所發用。然而就某一特定的事件而言，則可以方便地說已發與未發。例如，看見他人之財而起意，在這事件中，見與未見之間，以及見之後心意之動與未動，皆可以類比地以發或未發來描述。所以心之已發未發，是有其連貫不可截斷處，亦有其可以論說的方便善巧。唐君毅先生對朱子論已發未發的問題，有精闢的討論。〔註19〕

簡而言之，朱子發現伊川之「善觀已發」及五峰之「先察識後存養」皆有弊端。其弊在於若未發時不先有工夫，以養成一持續之純一人格，那麼面對一倫理事件（心已發）時，如何能不受氣稟物欲之影響而不與之俱流並下？因此朱熹認為只論已發後之察識並不足以為工夫之全體；整合之工夫應貫串

〔註19〕唐君毅《中國哲學原論・原性篇》，頁 583～594。

已發未發之際。

談過朱熹思想上的兩段曲折，我們繼續討論其工夫的三層門徑。工夫的第一層，朱熹討論未發之前及統合未發已發之持續涵養。他說：「初不曾存養，便欲隨事察事，竊恐浩浩茫茫，無下手處」，又說：「未接物時，便有敬以主乎其中，然後事至物來，善端昭著，而所以察之者益精爾。」〔註20〕朱子此意正是貼至吾人原有之知覺不昧的本心而說。吾人心性之全體既含氣稟之雜多以與純一之本心相對恃，因此吾人便需以一持續之涵養主敬爲根本工夫，以存此善端而使「吾心湛然，而天理粲然」。這是工夫的第一層，能有此「敬」之持續工夫，進一步便談到了格物窮理致知。吾心之善端在持敬中即使日趨純一，畢竟只是一超驗之心，此一超驗之心必須即事以格物窮理，才能在經驗中展現評價與訓命作用。即事之格物窮理使吾心明明德而致知，其所致之知又成爲一切省察正心之價值準則。所以我們可以說致知窮理是朱子工夫的第二層，如此再加上已發後的察識及察識後的擇善固執，便合爲朱熹工夫的三層門徑。

朱子的工夫論，有兩點值得注意。第一，朱子之主敬涵養原是要純化心性之善論，而克去氣稟物欲之雜所，以唯有落在本心善端上講才算對題。然而朱熹的主敬卻比較是小學工夫的嚴肅莊敬，而非正面的立本工夫。第二，朱子之三層工夫我們不可作分截看，甚至也不宜作工夫次第看，而應從互相含攝統貫的角度來理會之。朱子說：「涵養、體認、致知、力行四省，本不可有先後，又不可無先後，當以涵養爲本。」此語正是說明義理次序上吾人固可分出工夫之不同層次，並以涵養爲本，但是用工夫之次第，卻是相輔爲用，亦可獨立進行的。

（二）象山的工夫論

象山的工夫論一言以蔽之便是「簡易」。但是如何簡易卻不是一語可以道盡。以下我們先論象山的簡易，再論其工夫次第，希望能得其精要，而不落於「爲人不爲己」的支離。

所謂簡易就是簡單直截。象山的簡易是有形上學及人性論的基礎的。先就人性論來說，中庸首句有言：「率性之謂道」。象山以爲本心即道心，而本心又是人性之本然，故吾人只要循此本然之心，自然就能順合於道。這裏所

〔註20〕《朱子大全》，卷四十二答胡廣仲。

謂的自然順合就是簡易。再從形上觀的角度講，象山言簡易是基於乾坤理氣之自然流行與簡易爲用。《語錄》上說：「乾文言云，大哉乾元。坤文言云，至哉坤元。聖人贊易，卻只是個簡易字道了。遍目學者曰，又卻不是難知也。又曰：道在邇而求諸遠。事在易，而求諸難。顯學者曰，這方喚作規矩。」由上我們了解，在象山看來乾坤之覆載，都只是簡易自然，人作爲萬化之最靈者，自然也是率性之簡易便能合道了。無怪乎學者向他問規矩時，提到「伊川易傳、胡氏春秋、上蔡論語與范氏唐鑑」，象山會以之爲支離繁難之陋說。本無怪乎曹立之間如何是孝弟忠信，象山會斥之爲第二義的枝葉之言。總之在他看來捨近求遠，捨易求難就是支離異端。〔註21〕我們可以說象山之工夫門徑便是貫串在這簡易的精神下而有者。接下來我們便按其工夫之次第言之：

（1）辨志以立乎其大

宋儒張載說過：「自秦漢以來學者大蔽，在於學爲賢人而不學爲聖人。」這句話可以看作是宋儒一種感慨及自我期許的恢宏氣度。象山正是這樣一個有志於聖業的大賢。所以爲象山來說讀聖賢書所學不爲其它，只爲學作聖賢罷了。因此象山言工夫，首重端緒之辨志。象山說：「學者須是有志，讀書只理會文義，便是無志。」〔註22〕他認爲讀書只求解字便是全無血脈。工夫之首要便是辨志以立乎其大者，否則端緒不明而只在枝節上用力，那麼思慮紛亂，必梏亡亦不知何所止。

（2）發明本心

象山所謂「本心」正是本於孟子所謂：「此天所與我者，我固有之，非由外鑠我也。」及「萬物皆備於我矣，反身而誠，樂莫大焉。」然而本心能被氣稟薰習所蔽而放失，故辨志的另一幅度便是從氣稟之種種限隔中拔出。如此吾人才能再見「滿心而發，無非是理」的本心。這樣的本心既經發明，自然能夠簡易流行。

（3）收拾精神與踐履

象山固然以爲發明本心是工夫端緒，但是他也曉得本心雖能復返但也能復失。所以他說：「此只可謂之第一步，不可遽謂千里。」接下來他更以孟子

〔註21〕《象山全集》，卷三十五語錄。
〔註22〕同上，卷三十四語錄。

之持其志勿暴其氣談收拾精神的存養工夫。象山說：「居處飲食，適節宣之宜。視聽言動，嚴邪正之辨。此皆無暴其氣之工也。」〔註23〕我們從這句話可以看出這種在生活中的收拾精神與朱熹所謂持敬的小學工夫並無差異。總之，這就是指生活中持續的一種養心存誠。此外，由這裏所提到的生活中的存養，我們便必須提到象山重視的「踐履」。象山看出希望的工夫，不是僅靠讀書、了解文意便能所進步，更重要的是在人情事勢物理上作工夫。他在《語錄》中說：「孝經十八章，孔子於踐履實地上說出，非虛言也。」另一段他又說：「吾家合族而食，每輪差弟子掌庫三年。某適當其職，所學大進。」〔註24〕這兩句話前者舉聖人之言以明踐履之重要；後者更以自己進德之實事作為踐履之印證。

（4）讀書與師友剝落

象山講直下本心並非不讀書。只是讀書不能只求文義而不辨意旨。此外象山似也注意到才智高下的問題，在《語錄》中有云：「資稟之高者，義之所在，順而行之，初無留難。其次義利交戰，而利終不勝義，故自立。」這裏便提到資稟高者能順行而自立，表現出一種自然偉大。反觀中材：「處乎其中，劫於事勢，而為之趨向者，多不得正，亦理之常也。」〔註25〕故象山認為一般人要見本心之自然偉大，仍需讀書。只是他在此處又回到發明本心來講讀書。在他看來讀書貴在窮理，而所窮之理便是此理。因此象山講讀書，其要旨仍是求放失之心以明我本有之心，而不是以己心求外在之理。

除讀書明心之外，象山也極重視師友的剝落。象山以為良師益友的互相切磋，不只是能增長見聞，更重要者在於能夠砥礪志節、彼此提攜，並直諫己未見之弊。至於如何選擇師友，象山仍是從學貴自立、本心自擇來說：「師友之言，亦不一，又有是非當否。若不能擇，則是泛從，泛從何所至止。」

總論象山工夫論可見「其言坦然明白，全無粘牙嚼舌處，所以易知易行」。他順著本心本有簡易之道出發。從心之發明為始，在踐履中收拾精神；在師友剝落中自擇自立。而這一切又歸回「心即理」，「己心即天地之心」的本心大明之旨。

〔註23〕同上。
〔註24〕同上。
〔註25〕同上。

參、朱陸會通之可能性

我們認爲討論朱陸會通的可能性，應先處理兩個問題。一是在「理」上看，是否天下有所「共理」可以會通？二是在「學」上看，爲何人間學術總是言人人殊？這兩點疑問得到安頓，那麼朱陸會通之可能性便不言可喻。首先我們以一段小插曲來談第一點。有一回，包敏道侍於象山旁，談到象山與晦翁之歧異。敏道以爲「勢既如此，曷若各自著書，以待天卜後世之自擇。」象山聞此言，忽正色厲聲說：「敏道敏道，恁地沒長進，乃作這般見解。且道天地間，有個朱元晦陸子靜，便添得些子。無了後，便減得些子！」……我們以爲這段小插曲，正是指明天下正理，必是可以一以貫之的「共理」。人間學術縱使混亂，然而學自學，道自道。天道性命之理是不因人之辨正而得正，亦不因學術之不同而不同的。接下來我們便問：何以有學術上言人人殊之混亂呢？我們認爲學術上的混亂有三方面原因：首先是人本身的限制，人因其背景、學力乃至智慧之不同，因此見道之深度廣度亦有差異。其次便是語言學問題與思想本身問題之間的混淆。〔註 26〕這一點的釐清，我們認爲非常重要，因爲它所造成之學術異同，都是不對題的異同，使得原本複雜的學術問題，更加一層混亂。例如論人性，如果我們貼著「生之謂性」之全體以言性，其所得出之人性觀自然與扣緊「人性全體中異於禽獸之幾希善端，而言性者有所不同」。這樣的不同，即使有性善性惡之矛盾，亦只是不對題之矛盾，各持己說，並不能使我們對人性之理解有更爲通盤之掌握。由此我們知道，同一術語能指涉不同的事物層次，若對這一點不能釐清而予以混淆，自然造成學術的混亂。這便是學術異同的第二個重要因素。第三個因素是來自「理」本身。天道性命之超越性質與豐富性，使人不易統貫地掌握它的全體理蘊。因此人極易如「瞎子摸象」般各有側重而產生異同。這樣的學術異同反映出理之不同面相間之多樣性，然而卻不表示同一層面的理能有對當之矛盾。

我們由以上討論，知道學術異同並不能造成理本身的混亂，這也正是前文所謂「天下正理不容有二」之意。由此再反觀朱陸的異同，我們可以說其會通之理解是大有可能的。以下我們分別從形上學、人性觀及工夫論以言之。

〔註26〕徐復觀《中國人性論史》（先秦篇）也探討此一問題，徐先生在書中頁 1～3，論「語源學方法」在哲學問題討論中的限度。

一、形上學部分

　　這一部份之討論我們從太極開始。對於太極之理解，我們認為二賢沒有太大的異同。太極無極之辯所爭者最主要是「無極」一詞的派用。象山以為太極之上不應加入「無極」二字。因為「無極」語出道家，並且省略它，人們也不致誤太極為形器。朱熹則較具形上學興趣，而不贊同象山之必去「無極」二字。其實二家對太極之有理而無形都具共識，因此這樣的爭執只能落入訓書考字之爭而與義理無關，〔註27〕不過對於這一點勞思光先生有不同的意見。他以為兩家的爭執並不只是文字之爭，而是超驗與經驗的根本立場之爭。在勞先生看來，象心是超驗主體而上通太極，「主體」不能說是無，太極又怎麼能用「無極」來形容？我們認為這樣的說法有好幾層邏輯的謬誤。首先，心通太極並不表示太極是心。所以心能不能說是「無」與太極是否是「無極」沒有條件關係。其次，「主體」之心是既內在又超越的。所以從某個角度來看，它可以說是有理而無形。因此，心之主體並非一定不能說成無。

　　至於陰陽是形上或形下的問題，我們認為也是文字所造成的混淆。陰陽是相反相成之意。若我們就它所以相反相成的變化之道而言，自然它指涉形上的原理；但陰陽若指變化的具體過程，那麼它就是理之形下呈現了。朱陸二賢論陰陽，同一詞語已具兩義，因此所造成的異同並不難整合會通。

　　象山的「理氣一元」與晦翁之「理氣二元」，似乎有較多思想上或境界上的差異。不過這裏仍大膽的肯定：這兩句話看似南轅北轍，實際上也只是同一眞理之不同側重罷了。理氣的關係，我們在討論朱熹時已有詳細的分疏。朱熹講理氣二元，並沒有疏忽了理氣的不離。象山講理氣一元，雖然有唯心傾向，不過也不能視為絕對的唯心論。象山所言：「道外無事，事外無道」之語，我們可從兩方面來看：一方面我們可以說這是象山道事不離的看法，因此它本來就通於朱熹之理氣不離。另一方面來說，雖然象山以「心即理」之觀念貫串理氣而有「理氣一元」之說。但是，心即理的「即」字原是宋儒借用的佛家語，因此我們不必非解為「即是」仍可以作「相即」解。我們應當了解，象山雖粗豪而用語不拘，但也不致把「事物」與「事物的理」看成完全一樣的東西。由上討論，我們知道朱陸二賢只是對理氣「不離不二」作不同側重罷了。並非是眞正的矛盾對當。

〔註27〕勞思光《中國哲學史》，卷三（上），無極太極之辯。

二、人性論部分

前文討論朱陸之人性論，我們發現二賢均是透過「心」來理解人性。但是對心的不同詮釋，便得出不同的人性論來。朱子的心涵蓋了本心善端與氣稟之雜，善端固有超驗層次，但心之全體大用卻是在經驗主體中呈顯。象山的「心」則只是本心善端，於是心為理源。心成了超驗主體。

對於超驗主體與經驗主體的整合會通，我們認為應先探討所謂自律及他律的問題。牟宗三先生以為朱子系統的人性規律是基於存有論的圓滿，因此是他律的。這就是說朱子的「理」是外於主體之存有之理。心必須在經驗中照見外在之理而他律地決定人的行為。〔註28〕我們認為這一看法對朱熹的「理」的理解有所混淆，而且過於簡化。以下我們就其所混淆及簡化處分兩點討論：

（一）對「理」的混淆

在討論對理的混淆之前，我們先探討朱熹的理的兩大存在領域。理分自然存有的理及價值存有的理。這兩種不同層次的理在朱熹形上學與人性論的混合系統中都只用一個「理」字來表達，因此朱熹的「理」字在不同場合應具多義性。大體講來，在形上學的討論中，朱熹的理兼指自然物理與價值之理；在人性論的探討中則偏重德性價值之理。自然存有的之理本然就是客觀而外於吾心的，就連我們的自然生命也是他律的受自然之理所客觀決定。價值之理則不然，價值之理只與人有關，它以主體自覺為根本見主體內在性，然而它仍然須以客觀存有之和諧秩序為基礎，故我們亦不能忽略它客觀的超越意義。

牟先生的混淆可以從兩處說起。首先，他將朱子論人性時所用之「理」看成存有論的理，也就是我們所謂自然存有的理。如此自然得出朱子的人性是他律的。實則朱子論人性之「理」是就德性之理而說。其次即使牟先生注意到兩種理的分別，而以德性之理來解朱子之人性，他仍然忽略了德性價值之理同時具主體性及客觀性兩面。他以為德性價值只以主體自覺為根源，因此判朱熹的人性觀是依於「存有論的圓滿」，如此造成對朱熹人性論的第二點混淆。

（二）論理之過於簡化

牟先生將朱熹之人性論視為他律的，不但在理上有所混淆，並且其論理

也過於簡化。這一點可以分兩段來說明。其一，心若沒有先驗的層次如何能在經驗中照見外在的存有之理？"又如何能了解外在之理合於內在之人性？朱熹講「自明不昧的心體」，這「自明不昧」正是指著心的先驗性而言。心體有此先驗性，我們就不能說它純粹是他律的。其二即使不講心體的先驗性，心照見了外在的價值，也不必然被他律地決定行為。因為人的行為是否如理而行，尚待人心自覺之自由決定！由以上兩點我們知道朱熹確實強調了人心的經驗性與照理性。然而要以此說他是持他律的人性觀，並進而以為他的主體不具超驗基礎，我們認為是一種推論太快的簡化。

车先生對象山系統的人性論給予較高評價，並視之為與朱熹相對。他認為象山的「心即理」不是「心即於理而合理」卻是「心即是理」。並且人性之規律既以本心為價值根源，故人性是自律的。對於這一看法，我們分別從「心即理」及「人性的自律性」著手討論。

首先，我們認為「心即理」並非「心即是理」。這一點可以從語源學方面，象山的原意以及義理方面來看。就語源方面來說，我們已經提過「即」字是來自佛家語，它的原意是「相即」而非「即是」。象山的原意也並非說心即是理。象山說「滿心而發，無非是理。」如果心與理之間完全可以劃等號，那麼「滿心而發」的「發」字便無從說起。最後我們從義理上來看，存有性的理與主體的心既非同一，亦無根源關係。價值性的理則如前段所述，它固然以本心自覺為根源，但絕不能忽略它的外在存有基礎。況且朱陸均以「太極」為萬有之理的終極根源，因此價值之理之終極基礎亦不當在主體之上。如此又怎麼能說心即是理？

關於人性的自律性，我們在討論朱熹時已經提過人能自由地決定是否如理而行。就這一點而言，人的道德實踐確實是自律的，並且也唯其是自律的才有豐高的價值。但是這樣的自律性卻不能被絕對化。我們不能將價值之客觀秩序完全排除，而只以超驗主體作其自圓自成的根本。此外，價值的客觀秩序與數學之形式系統有一些類似處，它們同樣具有某種不得不然的自律性，這種價值本身的自律性相對於人而言便是主體的他律層次。我們的本心所相即的善惡之理，是不隨著我們的自由意志而改變的。我們的自由意志能自律地決定我們的行為是否如理而行，但是理之所以為理亦有其「他律」的成份。

探討了自律與他律的問題，我們對朱陸之超驗與經驗便可以得到一種會通。人性的全體是有其超驗基礎及經驗層次的。中庸所謂「率性之謂道」肯

定了人的自律性，但「天命之謂性」亦說明了自律亦當是相對的自律。朱熹從「經驗中的本心」發現理之客觀存有，因此說明了理的他律性；象山則從「本心中的經驗」了解心為超驗之主體，自然發現了本心的自律規則。所以朱陸二賢的人性論，嚴格講來不算有真正的矛盾，蓋取觀之方向有異罷了！

三、工夫論部分

　　朱陸工夫論之會通是一困難的課題。它所牽涉的不只是理論上的整合，還包含了實踐上的貫通。我們將從三個角度去討論它。首先，從它的前景外緣問題作一個說明。其次便進入理論內部，結合其理論之優長以彌補各自之短缺。最後談到具體的實踐，我們從人的差異性來討論工夫理論不同側重之必要。

（一）前景問題之釐清

　　朱熹曾對象山說「去短集長，庶不墮一邊耳」之語，象山則以為「不知尊德性，焉有道問學？」〔註 29〕我們認為這段對白當中，象山未必真正的理解朱熹，而朱熹的表達也確實有所語病。首先我們要說，朱陸談工夫都是指學聖之成德工夫。因此，朱熹側重窮理致知並不表示他將「道問學」獨立於「尊德性」之外。自古以來許多論朱陸工夫的文章，常將陸歸於尊德性而將朱說成道問學。在這樣的簡單分類中，討論尊德性與道問學孰先孰後，再歸結到朱子有所蔽或象山有所蔽。〔註 30〕我們認為這樣的劃分或討論都不深入。朱陸即使有尊德性與道問學之分，也是在「成德」之共同基礎上對修養工夫之不同側重，而不是在不同的基礎上將尊德性與道問學看成平行相對的二事。

　　至於朱陸之工夫為何會有不同側重？這便牽涉二賢對人性的不同取觀了。朱陸都知道人有本心亦有氣稟。本心的「純一」與氣稟之「雜多」成張力關係。象山較從本心的純一入手，而開出發明本心的簡易工夫；朱熹則重視氣稟的雜多，因此重視主敬窮理的超昇門徑。

（二）工夫理論的合觀

　　談到工夫論的內容，我們認為朱陸的異同仍是可以「去兩短，合兩長」的。以下先從其分別側重處及可能偏失談起。朱子的工夫論有兩點值得反省。首先是他的涵養主敬工夫。我們在論朱子工夫論時已經提到，朱子的涵養是

〔註 29〕《象山全集》卷三十六年譜，四十五歲下引。
〔註 30〕同註 28，頁 93～95，牟先生以尊德性為根本，以之批評朱子的道問學。

一種外在莊敬的整齊工夫。這種工夫只能產生消極的力量以防杜氣稟物慾的缺失，卻不能產生積極性動力以激發本心的自覺。當然這樣的工夫入路仍有正面之意義，不過朱子用此工夫，確實是只留意人性中「反價值」之因素，而剋就反此「反面者」，以使正面之本心呈現。因此涵養主敬工夫的缺失並不在其本身，而在於缺乏對本心正面之積極影響。

　　朱熹工夫的第二點缺失便在其第二義工夫的窮理致知。我們認為窮理致知對於成德工夫有其價值，然而正如朱子所言：「初謂只如此講道漸涵，自能入德，不謂末流之弊，只成說話。」〔註31〕可見若在本心未能發明之際，不能一意實學，自然容易流為徒騰口說的知識之學。而如何一意實學是直接立本的工夫，這樣的工夫在知識漸涵的窮理致知中自然有所欠缺。

　　接下來談到象山的工夫論。平實而言，象山之工夫論雖不見體系之恢宏，然而對於人成德之提示，卻比朱熹之層次分明要具體許多。這一點一方面是因為人原本就不是層次分明的動物，他的成長是在一種複雜而多層的內外因素下互動而成。另一方面象山便就人之成長各面，舉其要者，提示人「率性修道」的簡易工夫。從內在之直識本心及收拾精神到外在的踐履讀書親師友，象山以一個看起來粗鬆的工夫觀，對人性全體之修養提供了最適切的易簡之道。論及象山工夫論的缺失恐怕只能落在發明本心上講。尤其當象山堅持必先發明本心而後方可由約而博。我們可以從兩點討論「發明本心」的缺失：第一發明本心被當成是基點，因此在它之前似沒有工夫可言。第二發明本心是一過於「簡單化」之概念。

　　象山以發明本心為工夫之基點，因此如何發明本心似乎便無工夫可說。我們都知道楊簡在扇訟之後，才經由象山之當機接引而識得本心，可見本心之發明不是一蹴可幾。學者通常也並非聞「發明本心」便當下悟得本心。此外，楊簡之識得本心是經由師友（象山）之接引。可見師友之剝落或尚友古人之讀書窮理與發明本心之間亦有一互動之辯證關係，我們不能說其它一切工夫均是發明本心之後的工夫次第。象山講讀書窮理是放在印證吾心上講。我們認為這一說法若用於本心已明之後，尚稱允當。但在本心發明之前，就不能將之視為印證吾心。事實上，讀聖賢書，尚友夙昔典型，未嘗不具發明吾心的接引之功！

　　我們再從另一個角度講「發明本心」。本心是每一個人都具備的。不管人

────────────

〔註31〕同上，年譜四十二歲下引。

自覺之與否，它總在生活中自然展現其道德之評價及訓令作用。可是本心全體大用之發明就不是這樣自然簡易了，它包含了好幾個細緻的層次：未覺義的良心良知，認知義的察識本心（如楊簡扇訟式的頓悟）及體現義的發明本心。這些層次互為始終、交互辯證，使人在人情、物理之經驗中逐漸擴充，最後才有所謂的本心全體發明。所以象山只以發明本心作為工夫起點，是一種籠統的簡單化，他將發明本心以前及以後互動相通的工夫予以化約，而簡化了其中複雜的辯證過程。

總論朱陸工夫理論，我們認為朱熹從反面之「去蔽」入手並非不對，只是他的涵養不曾開出正面的擴充本心，使得本心不明之下的窮理易於流入知識義的道問學。不過無論如何，朱熹的道問學是尊德性的道問學。將其視為知識義的道問學，只能算是對其流弊之批評，而不能算是切中其本身的評價。象山的工夫論最主要是從正面的「立本」開出，輔以收拾精神及讀書師友以去氣稟之蔽。雖然他談立本之發心仍嫌粗鬆，然而整體看來確實是利於接引的簡易工夫。

（三）對工夫理論不同側重的必要

工夫論的真正關懷是實踐而不是理論。因此，討論工夫論的異同，若只言理論的會通，便嫌空泛不足。實踐必須著眼於個人的差異，不同的人應在不同的地方下工夫，才能真正日進於德。

朱陸工夫論的不同，除了是理論上具有不同的形上思想，最主要者便是二賢的氣質才情有所不同。晦翁思慮精密，推理細緻，對於真理正道肌有很深的知解。然而對於真理的美感境界，卻少有感性的觸動，因此，在超昇的途徑中，他是以其對真理的執著而力學。象山則不同，象山智慧高拔而有從容氣象，對真理的美能當即領略，因此他是以其本身對生命之熱誠而悠遊。這兩者之間，一是作學問的上達型態，一是生命哲學的下學典型。很自然他們在希聖的路途上會遭遇不同的問題，而有不同的工夫門徑。

先拿朱熹來說。朱熹執著故而力學。「力學」二字便顯示他的生命動力不是自然地貼合於聖賢的美境，因此他會特別體會到成德過程中生命動力散溢的艱辛。面對這樣的艱辛，使他對直下本心的簡易工夫不能接受。他以為這樣的工夫均是「莫言太廣、學者難入」，「太深無捉摸處」。〔註32〕對於這一點，

〔註32〕《朱子大全》，卷三十二答張敬夫問。

象山也說過「中材不能自立，亦理之常也。」〔註 33〕可見爲一般的人，朱熹使之主敬窮理，讀書尚友古人，亦不失爲以先覺覺後覺的接引良法。

象山才氣磅礴，十三歲便省悟心同理同之無窮境界。於是能夠當下直識本心，而開出正面的簡易工夫。對於這樣的工夫，我們不必以一己來見理之心，鄙之爲「不免與氣稟物慾夾雜俱流，泥沙並下」，如同朱熹對象山曾有的批評。事實上，對許多敏銳的心靈而言，象山發明本心的工夫是直截自然的。

由上可知，朱陸之工夫因人才質不同，固可以有高遠切近的分別，不過重點仍不在其高遠或切近，而在學者如何會其意而各適其心，如此則能從中開出一條適合自己的內聖外王之道。

〔註 33〕《象山全集》，卷三十四語錄。

附錄三　論朱王異同

前　言

　　朱熹與王陽明是宋明理學之兩代大家。由於各處不同時代，學術環境大不相同，故二人論學之旨趣迥異。陽明嘗習朱子學，試格庭竹七日而病，自是乃不契於朱子。不過陽明向來視朱子之說如神明蓍龜，故雖與朱子不契，仍然說：「某今日之論，雖或於朱子異，未必非其所喜也」，〔註1〕並且他認爲朱子容或有缺失，也只是「君子之過，如日月之食，其更也，人皆仰之」。是以陽明本人並不以其學與朱子者爲勢不兩立。蓋得力人人殊，因此各有異趣，而趨向皆正矣！

　　談到「趨向皆正」便有些話可說。朱王之學均是明善成德之學，在動機及理想上當然我們皆可說是「趨向皆正」，然而是否因爲有好的動機及理想，便保證各自之工夫途徑必然可以引人入聖？宋明理學程朱與陸王的對峙，便曾經在這點上彼此質疑，相持不下。〔註2〕

　　職是之故，本文探討朱王異同，一方面將闡發各自旨趣之異同，一方面也希望作一些辨正反省之工作。換句話說，我們肯定條條大路通羅馬，並且願意從中欣賞不同道路的曲折豐富。然而我們仍然願意深入反省，因爲畢竟並不是每條路徑都是通往羅馬的。而且就通往同一目的的道路來說，也是有的直截，有的迂遠。

〔註1〕　王陽明《傳習錄詳註集評》，陳榮捷著，頁253，學生書局。
〔註2〕　「朱子陽明的格物致知說和他們整個思想的關係」，戴君仁，《孔孟學報》第九期，頁79。

此外，就陽明與朱子正面對當的地方，我們也希望作一些釐清。蓋「天下正，坏容有二」是吾人基本之信念。許多不同思想間之矛盾，究其實都只不過是一些語言表達上及觀念溝通上的混淆，不加以澄清則學術雜陳，終致令人進入懷疑一切眞理之境地而不自知。尤其中國思想，其境界之極精微道中庸固無可疑，然而學者表達己意時，每每各適其心，各說各話，令人疑惑究竟是「理」有錯亂，抑或是「學」有紛呈？這一類問題之釐清，對處理宋明理學而言，格外重要。例如宋明學者在討論天道性命、心性才學等問題時，常見不同學者將這些語詞定在自己所想像的對象上考慮。好比一人說心是有善有惡，另一人說心是無善無惡。而「心」究竟是如何呢？心不可能同時具某一種性質又不具有該性質，此所謂「正理不容有二」。那麼唯一的問題便只能出在他們各自用的「心」一詞所指的對象有所不同，或至少是同一事物的不同層面。這其間分際若不釐清，則沒有辦法眞正解決其中的哲學問題。

交待了本文的幾個進路方向，以下略述本文論說次第：陽明自龍場一悟，「始知聖人之道，吾性自足，向之求理於事物者誤也」。〔註3〕如此而啓示了他「心即理」的學說，由這學說再推廣爲「致良知」、「知行合一」，便奠定了他整個思想體系之綱領。〔註4〕本文之論述將按照此一綱領以與朱子對揚而論其異同，並在文中各節作綜合之反省。本文分三節，首節就「心、理、性」三者之關聯，分論朱子之「性即理」與陽明之「心即理」；次節進入工夫論之探討，我們將從二賢對「格物致知」之不同詮釋，來比較各自之工夫進路；第三節是對陽明所提出之「知行合一」，就其存有、工夫及境界上之內涵以與朱子學作一對觀。希望透過本文之反省能對朱王各自體系及其異趣有一更深入之了解。

一、「性即理」與「心即理」之對揚

朱王均說過「性即理」。不過就心與理的關係言，朱王殊途。朱子認爲心與理固然相涵不離，然而心自心、理自理，心與理是不能說成一的。陽明則不然，陽明認爲「心即理」。對於朱子的心理不一，他認爲「未免已啓學者心理爲二之弊」。〔註5〕然則心與理究竟是一是二？並且依陽明說法，析心理爲

〔註3〕 「王陽明年譜，三十七歲春至龍場」條下，見《王陽明全集》，頁6，大申書局。
〔註4〕 「王陽明學述」，張起鈞，收於《陽明學論文集》，頁63～64，華岡書局。
〔註5〕 同註1，頁166～167。

二是弊。但究竟哪一種說法是弊？以下我們將按照前言所揭示之探討進路，分別從朱王各自的學說旨趣，反省其中之正誤，並釐清可能之混淆。

（一）朱王論「心、性、理」學說異趣

1. 朱子之性即理與心理不一

朱子論心、性、理，可通於西方形上學及存有論的探討。我們先說性。「性」，以白話言之，就是本性、性質的意思。「萬物皆有其性」並不是說萬物的性都是一樣，所謂「有物有則」，正是說萬物各自有其殊則。而殊則即殊理，故萬物皆有其性，亦皆有其理也。朱子說：「性則就其全體而萬物所得以為生者言之，理則就其事事物物各有其則言之」〔註6〕正是此意。由這句話亦可知性與理是一物之兩面，故朱子又說：「性即理」。〔註7〕

值得注意的是：朱子論性是論性之全體，而且在他看來，性之全體應是無有不善的。這個看法相當深刻，而且有進於孟子者。孟子言性，只言本心善端，而不言性之全體。孟子以為，只有異於禽獸之幾希才算是性，同於禽獸之食色等性（其實人之食色並不完全同於禽獸，也不完全是生理的，它有它心理及精神的幅度）只能說是「君子弗性焉」或是「性也，有命焉，君子不謂性」。〔註8〕其實，說本心善端是人之特稟精華處，是對的。然而若一定要說本心善端是人性之全體，則有些泛道德主義的傾向，這一傾向使得日後學者討論人性問題，往往不能將存有的歸結存有，價值的歸給價值，而造成一些學術之混亂。

此外，由於朱子是就性之全體言性，因此性即理而無所不善的「善」字，亦不同於孟子性善的善。孟子言性善既剋就本心善端而言，因此較具倫理意味。朱子的善要寬廣些。人性全體中之理具有應然及實然兩面。就應然面而言，人性透過心之虛靈燭照，能不慮而知倫理之理；就實然面來說，人之一切生理結構、心理欲求之理乃至人作為一存有之理，皆會集為人性實然之理。故朱子說：「人欲便也是天理裏面做出來」。〔註9〕由此我們再看他所謂的「理無有不善」，便知他認為人欲及其它一切實然面之人性亦都是善的，只是這個善並非倫理義下的善，而是存有的善。這一點我們從本身經驗亦可知道：因

〔註6〕《朱子語類》，卷五。
〔註7〕《朱子語類輯略》，卷一，頁25，商務印書館。
〔註8〕《孟子‧盡心篇》第七，頁396，商務印書館。
〔註9〕《朱子語類》，卷十三。

為人的欲望或其它生理運作，本身都是為支持生命而有的積極之存有的善，它們本身不能被視作是惡的，惡之產生乃是由於人之私意背理，使欲望無節所致。

由上討論，我們了解了朱子「性即理」在人性論及存有學的寬廣幅度。接下來就談到了「心」。心是什麼？且先看朱子的講法：「心者氣之精爽」（《語類》卷五）；「虛靈自是心之本體」（《語類》卷五）；「人心之靈，天理所在」。〔註10〕依此，朱子言心指的正是萬有中虛靈燭照的能力，這種能力乃氣之精爽而能通於天理者。萬有之中，何物能有此虛靈之心？朱子說：「陰陽五行，氣質交運，而人之所稟，獨得其秀，故其心為最靈」，〔註11〕可見朱子同意濂溪之說法。「心」是「秀而最靈」的人所獨有之能力。它是通於孟子所謂的本心善端，亦是人「性」之特稟精華處。此外，由於它本身之靈覺能力，它亦能照見「性」中之全體內涵。故心既是性（指人性）之部份，又能照見性理本身。為此，朱子說：「性便是心之所有之理，心便是理之所舍之地」。〔註12〕

論及此，就必須提出一重要看法，那就是朱子何以只言「性即理」而不言「心即理」。由上段所言：「心是人性之特稟精華處」，便知心與性是兩回事。心與性不只是有部份與全體之差別，並且還有分類上之種屬關係。例如，我們只能說：「人心是人性之展現處」，卻不能說：「人性是人心之展現」。此外朱子言善惡，是落在「心」上講，卻不說性有善惡。「性無善惡」可通於前面提到的「性無不善」，此處不贅。值得注意的是「心有善惡」之說。朱子言：「心有善惡，性無不善」，〔註13〕又言：「蓋凡事莫非心之所為，雖放僻邪侈，亦是心之為也」。〔註14〕這兩句話合觀可知：心與性是不同層面之事物。並且這兩句話也透露出朱子的心亦不只是虛靈知覺的心，它亦是主乎一身之意欲中心，〔註15〕此一意欲中心雖能照見正理，但亦能自由循理或背理而產生善惡。是故心不能說是即理也。這一思想可以收攏於朱子所謂：「靈處只是心，不是性，性只是理」〔註16〕而得一貫通之理解。總而言之，性與理可在同一

〔註10〕同註7，卷五，頁131。
〔註11〕朱子，《太極圖說解》。
〔註12〕《朱子語類》卷五。
〔註13〕同上註。
〔註14〕《朱子語類》，卷九十五。
〔註15〕朱子《大學・或問》中便曾提到「心主乎一身……」等語。
〔註16〕同註12。

層面上說無有不善，且有一物之性便有一物之理，故「性即理」也。心與性理在存有上則是兩回事（其實性與理兩者在存有上亦可說指涉的是同一存有之不同側面），且心乃可善可惡者，故雖能照理，畢竟是不同於性亦不同於理者！

2. 陽明之心即理與良知論

陽明論性之言不多，基本上是承程朱之言而有「心之體，性也，性即理也」〔註 17〕之說。不過，由「心之體」的標出，便可知陽明之理論焦點已由性理之學轉為心、理之學了。

「心即理」之義原由宋儒陸象山所提出。其所言之心正是孟子的本心。陽明承陸說而更闡發之，終成為其心學系統之核心觀念。陽明論心即理，可以「岩中花樹」的比喻來作開頭。《傳習錄》下：「先生遊南鎮，一友指岩中花樹問曰：天下無心外之物，如此花樹，在深山自開自落，於我心亦何相關？先生曰：你未看此花時，此花與汝心同歸於寂，你來看此花時，則此花顏色一時明白起來，便知此花不在你的心外」。〔註 18〕

上段「岩中花樹」的故事十分值得玩味，而且它的重要性之一就在於它不同於以往儒學只重道德的思想方法而另闢領域。象山說：「宇宙即吾心，吾心即宇宙」時，我們參考其它相關資料，可以說這是在泛道德主義影響下，視「心為一切道德價值根源」的說法。然而「岩中花樹」之喻明白透顯出陽明論「心即理」，已不只是論及道德義的理，而是遍及客觀存有之物理了。至於陽明在「岩中花樹」中的回答是什麼意思呢？陽明應不至是一唯心論者。至少就存有論而言，陽明不可能不明白花樹自有其客觀存在的道理。否則他就不需要拐個彎用「寂」及「明白」來說明心與花樹的相應關係，而可以直接說「花樹乃心所造者，無心則無花樹」。因此有些學者將陽明說成是存有論的唯心論或將之附會於佛書中「三界唯心、萬法唯識」的說法，均是不得陽明真意。

然則，陽明究竟是何意呢？其中所用的「寂」與「明白」二語雖有些模糊，但卻恰可作為一組關鍵字，以說明陽明的思想。所謂寂或明白都是對人而有意義的詞語。宇宙之中若沒有人心一點靈明，則天地亦無人去仰高俯深，萬有一切就只成了沒有意義的混沌。陽明心中原本就認為人心乃點化一切意

〔註 17〕同註 1，頁 166。
〔註 18〕同註 1，頁 332。

義之靈明，故他論岩中花樹時，根本不是著意於花樹本身之客觀存在，卻是在說花樹相對於人心之存在彰顯。由此我們知道陽明要告訴我們的，並不遠於太史公所謂之「境由心造」以及「心之爲用大矣哉」！

對於客觀事物之理，陽明已如上述地，不著意於其客觀性，而只剋就它對於人心之彰顯而論其意義。我們現在即由客觀義的「心即物」轉論價值義的「心即理」。陽明言「心即理」之理，基本上是價值義的理。在進入「心即理」的討論前，先談談陽明所謂的心。

「心」，在陽明是本於象山乃至孟子的心，故其所指是人的本心。以本心釋心，自然這樣的心是無有不善的，故四句教中首句特標出「無善無惡心之體」。不過其中「無善無惡」一語，稍與孟子論本心者異，故引起學者爭論。蓋在孟子言本心是指善端而言，既是善端如何能說是無善無惡呢？對於這點，陽明曾說：「無善無惡，是謂至善」。不過這一解釋仍不符合孟子，且無善無惡與至善在語言上似乎也不能看成是等同的。對於這一個問題，應從理論上反省以解消此用語混淆的難題。

這一反省我們採勞思光先生的看法，即以「善之究竟根源」來釋至善。〔註19〕蓋至善的原意是至極的善，但若採此義來解釋無善無惡，則既不能說得過去，亦不能通於孟子的本心。孟子的本心是善端之意，善端者正是指善之根源而言，故以善之究竟根源釋至善，則陽明的心便無異於孟子了。

陽明既釋心爲本心，而這樣的心又是善端、善之究竟根源，那麼他就另用「良知」一詞來說心，這就是陽明的良知說。如此則良知不惟具有知善知惡的能力，而且它還是善惡之理本身，此所謂「能所一如」。陽明正是從此處開出「心即理」的教法的。

我們既知陽明談「心即理」之思想線索，便進一步細論他的「心即理」說。《傳習錄》上有段對話：

愛曰：「如事父之孝，事君之忠，交友之信，治民之仁，其間有許多理在，恐亦不可不察」。先生歎曰：「此說之蔽久矣，豈一語所能悟。今姑就所問者言之：且如事父不成去父上求箇孝的理，事君不成去君上求箇忠的理，交友治民不成去友上民上求箇信與仁的理，都只在此心，心即理也」。〔註20〕

這段對話十分神似於「岩中花樹」一段，只是岩中花樹中講的是客觀物

〔註19〕勞思光，《中國哲學史》，（三上），頁445。
〔註20〕同註1，頁30。

理，而此處徐愛所問者是有關價值實踐之理。兩個疑問者都肯定理在客觀上之存有基礎，但陽明對兩者都強調「理」在人心之彰顯才具意義。專就這段對話來說，價值實踐之理是不在對象上的，因為它是存在於對象與踐理者的關係之中。而這個關係只能由人之自覺來掌握，離開人的自覺則無法找到它。是以理不能外吾心而言說，心亦是「虛靈不昧，眾理具而萬事出」者，故陽明以「心即理」來綜合心理之相依相持。

（二）對朱、王「心、性、理」諸說之反省

由前面討論，我們知道朱王論「心、性、理」確有許多差異。朱說「心理不一」，心乃可善可惡者，它既是虛靈知覺又是意欲中心；陽明則恰恰反是。在陽明看來，心即理，心乃無善無惡之善源，它只是個虛靈良知本體。對於兩家說法之歧異，我們擬由陽明本人對朱子之反駁談起，如此一方面可以了解陽明是如何了解朱子，另一方面也可以以之對比於本文對二家思想之理解，從而能建立更深一層之反省。

陽明對朱子各種意見之反駁，散見於《傳習錄》，我們在此先引用一段文字以說明陽明如何不契於朱子心、理二分之說。《傳習錄》卷中答顧東橋書：

> 晦菴謂「人之所以為學者，心與理而已。心雖主乎一身，而實管乎天下之理。理雖散在萬事，而實不外乎一人之心」，是其一分一合之間，而未免已啟學者心理為二之弊，此後世所以有專求本心，遂遺物理之患，正由不知心即理耳。夫外心以求物理，是以有闇而不達之處，此告子義外之說，孟子所以謂之不知義也。……不可外心以求義，獨可外心以求理乎？外心以求理，此知行之所以二也。求理於吾心，此聖門知行合一之教。……

在上段記載中，陽明很明顯的表達他的看法：他認為朱說將啟心理為二之弊。我們由他所用的「啟」一字，知道他並不願直接反對朱子，故只說啟學者弊。其實他根本上是反對朱子析心理為二的思想的。現在的問題是他為什麼反對心理為二呢？我們認為有兩方面因素，首先在上段文字中陽明提到析心理為二就必須外心以求理。外心以求理則無異於告子外義之說，而此說早已受孟子非難，故自任以傳學聖門之教的陽明也必須起而反對。另一方面說來，陽明曾說過求「孝之理」不可求之於親，而必須求之於心。他說：「以吾心而求理於事事物物之中，析心與理為二矣。夫求理於事事物物者，如求孝之理於其親之謂也。求孝之理於其親，則孝之理其果在於吾之心邪？抑果在於親之身邪？假而果在於親之身，則親沒之後，吾心遂無孝之理歟？」。

〔註21〕我們從他的反問，知道他認爲求「孝之理」於親是極荒唐之事，而這樣荒唐的事就是析心與理爲二之結果！？

但是，朱熹析心理爲二，果眞會得到這一結果嗎？至少朱子本人是不認爲如此。前面引文中朱熹有云：「理雖散在萬事，而實不外乎一人之心」，可知朱熹的理是合內外的，對理的追求仍必須透過心才能達到。這一點看法事實上與陽明並無不同，陽明無察於此，而以爲朱子在存有論上的分論心理，會導致認識論的求理於外，實是對朱子的誤解。

對陽明、朱子的「對話」作了討論之後，現在更進一步地提出本文的反省。首先，我們同意朱王兩家的共識，即「理不外於吾心」。不過，這句話不能馬虎看過，是需要說清楚的。理有客觀規則之理、有價值規範之理，兩種「理」如何不外於吾心，各有不同，不能不加說明。朱子以理是合內外的來說明理不外吾心是不夠的，因爲理是如何合內外呢？是否通曉物理便能了解價值之理呢？如若不然就必須另立說明，否則就令人不知所從了。我們認爲「理不外於吾心」的原因，就客觀規則之理來說是因爲存有之基本法則，能以某種方式符應於吾人理性之先驗結構。吾人理性認知之先驗結構能夠自然照見存有之法則而理解之。此亦是陽明所謂之「照心」義，故說理不外於心。就價值規範之理而言，那就更是不待外求了。因爲它正是不慮而知之良知，沛然莫之能禦之本體。由上討論我們知道理不外吾心非徒空言，朱王既皆以之爲定論，故不論提出「心即理」的陽明也好，或者是朱熹也罷，都能肯定理之彰顯必須透過吾心之發用才能獲致。

朱王兩家既皆肯定理之彰顯在於心，陽明何以如此不契於朱子之將心理分說呢？而且從他的論辯看來，好似朱熹的分說心理會使得「孝親」等價值之理，也會變成時空上的外在之理了。我們認爲以朱子之博通，他不會不了解孟子非告子外義的道理所在，而且「價值之理不在時空的外在對象上」亦是一極簡單的常識，朱子不致對此有所不知。然而，何以陽明對朱子會有此疑惑？

陽明對朱子的疑惑，我們認爲另有心結。這一心結牽涉到兩者對於「理」在存有論、認識論及價值論上的地位問題之認定。此一認定在彼此思想之內涵或表達上有差距，自然會產生不同的看法。

什麼是「理」在存有論、認識論及價值論上的地位問題呢？這個問題就

〔註21〕同註1，頁171。

是指對理在存有、認識及價值三方面互動下的存有狀態之掌握。先就客觀物理來說。客觀物理之存有狀態究是如何呢？它是存在於事物上抑或存在於人心的認知上？這個問題的回答不能囫圇籠統地說。首先，這個問題的提出與解答，在某方面通於西洋中世的共相之爭。共相之爭正是爭論共相觀念的存有地位問題，以中國術語而言，共相觀念可說是理的一個層次。我們以共相之爭中，阿伯拉德（Petrus Abaelardus, 1079～1142 A. D.）的若干結論來作一說明。阿氏曾說：「就上帝而言，共相先於事物；就事物而言，共相在事物中；就人的認識而言，事物先於共相」。〔註22〕阿氏這段話尚有許多粗糙處，不過它對於理之存有地位之探討，確有所俾益。例如一部腳踏車有一部腳踏車之理。為製作它的人而言，當然車子之具體成形是按照他的內心藍圖。為使用腳踏車的人來說，則他對腳踏車的理的認識卻在於有了車「之後」的具體經驗。可以說同一部腳踏車的理存在著三個類比的樣態。一個是存有論的狀態，兩個是認識論的狀態。腳踏車在存有論上的理只能存在於具體的車上，存在於人認識上的只能是認識論的理。認識論的理以存有論的理作基礎，但卻不完全受時空限制。例如過去的一部車子燒掉了，那部車子在存有論的理就消失了，但是那部車子在認識論上的理卻可以保存在人的記憶中不消失。由上討論我們知道，所謂的客觀事理在吾心中，是指認識論的理，這個理必須以存有論的理為基礎而建立，而不能任意杜撰。另一方面，認識論之理亦不完全受縛於具體存有而有其獨立性。

現在我們再談應然的價值之理。對價值之理的掌握是儒家思想最主要的論題。以儒家思想來說，價值之理是透過本心、良知或主體性而呈顯。對於這些思想，我們基本上同意。然而若把這些思想極端化，認為吾人之良知主體性為價值之理唯一之存有根源，則我們不能同意。事實上對於應然之價值，吾人良心雖具照見與督責的能力，卻不能說價值可由人之良心任意杜撰。相反的，我們的主體性是必須臣服於良知所照見之理的。這就是為何說吾人主體之自律性是相對的自律，而非絕對的自律，它是有其「他律層次」的。

這裏所謂的主體的他律層次，正是指價值之理本身的自律性。價值之理的這一自律性既非溯源於吾人之主體性，就必須另有根源；當然，價值之理仍須透過良知之自覺才有意義，而良知自覺是主體內事，故論價值全體之存有根源時，是必須顧到主體內外兩面。以西方近代價值哲學的術語來說：價

〔註22〕鄔昆如，《中世哲學趣談》，頁132。

值存在於實然與應然的某種世界節點處（Weltknoten）。〔註 23〕我們認為這堪稱是最切近之描述。

現在仍然舉實例來討論。就拿孝親之理來說吧。無論父母存歿與否，我們都知道應該孝親。這一點類似於吾人前面論客觀物理時所謂：認識之理不完全受縛於存有之理。蓋我們的良知體察到孝親之應然性時，此一孝親之理亦成為被吾人認識之理，故它不完全受縛於外在對象。不過此處之情形並不完全等同於論客觀物理時的狀況。客觀物理之認識之理是基於對象的存有之理，價值之理如孝親卻不能說是基於對象——雙親。並且孝親之理也並非吾人任意杜撰，那麼它的根源究係何在呢？我們認為它是透過良知對父母與子女的當然關係的應然自覺。由它是父母與子女的當然關係來說，我們找到了它的客觀基礎。此外，這一當然關係只能透過良知去自覺，再由主體去實踐，則顯然人之主體性亦參與價值之理的構建。只是我們不能說這一構建是純然主體的事，因為它仍以主體外某種客觀之應然和諧作基礎，它是合內外的應然之理。

再回到朱王論心、理之說。由上之分析及吾人對朱王學說異趣之了解，我們知道陽明對朱子析心理為二之說確有誤解。而且他對理之存有地位的思考仍嫌粗糙，以致以為分心理為二則吾心便不再有理。其實在存有上心與理本來就是兩件事，析心理為二，並不妨於心中有理。只是無論如何，吾心中所具之理乃是對主體發顯的認識之理，而非事物或價值本身的存有之理。陽明先是對存有之理與認識之理不能有清晰分別，其次在價值論上又採主體為唯一之價值根源說，從而忽略價值仍以客觀之某種應然和諧作存有基礎，於是以為析心理為二乃弊矣哉！

至於朱子，我們已說過他在論心、性、理時較具形上興趣，故他一方面能分說心理，一方面仍不致如陽明所謂的外心求理。當然他在論「理為合內外之道」時，仍不夠精細，以致在講求工夫時，確易滋生流弊，這點以後再談。

最後，關於朱王共用的心與理二詞，我們再略論其間差異，以見學術何以混亂之原因於一斑。

朱王都談心，不過他們的心所指涉者卻大不相同。朱子的心是虛靈本體也是意欲中心。這個虛靈本體並不是只知道價值之是非，它也是理性認知的核心。意欲中心就表示它是能善能惡者，意欲順理則善，背理則惡。陽明論

〔註23〕項退結編《西洋哲學辭典》，價值哲學條下，頁 443。

心並不在於建立一哲學系統，只是念茲在茲於道德實踐，故他的心專指本心、良知而言，如此自然就不能說心有善惡，否則如何說心是至善的根源？由上比較可知朱王論心之異義。論理亦然，朱熹的理寬廣，兼及存有、認識、價值諸面，陽明的理窄些，只重視價值之理。如此自然會有許多歧異生出。不過，總而言之，朱王心理異學雖各見立場不同，從中仔細品味，倒能見出「正理不容有二」來。

二、朱王工夫論異趣

朱子善分析，陽明重精一。這一精神在工夫論之探討上可說表現無遺。唐君毅說陽明「不過于朱子所加以次第論列者，皆加以貫攝而說，以『打併歸一』而已」，〔註24〕本文亦認爲確有幾分道理。當然，詳細之討論俟分論朱王之後，再作反省。

（一）朱子格物窮理與居敬存養

1. 從大學格物致知論即物窮理

朱王工夫論之最大歧異，可說是由二者對格物致知之不同解釋展開。格物致知本屬大學章句，朱熹以大學釋格物之文有所佚失，故有「格物補傳」之作。陽明不契於朱子對格物之解釋，另闢蹊徑，自以固守大學古本爲任。不過，究竟大學原文本意如何，我們在此處不擬注意，惟可注意者是；朱王均在他們對大學章句的詮釋中，表達了個人的學說思想，故以下只對他們二人分別之說法加以討論，而不再論其有進於大學者何。

朱子論格物之言，見於他重訂大學章句中。朱子之言云：「所謂致知在格物者，言欲致吾之知，在即物而窮其理也。蓋人心之靈，莫不有知；而天下之物，莫不有理；惟於理有未窮，故其知有不盡也。是以大學始教，必使學者即凡天下之物，莫不因其已知之理而益窮之，以求至乎其極。至於用力之久，而一旦豁然貫通焉，則眾物之表裏精粗無不到，而吾心之全體大用無不明矣。此謂格物，此謂知之至也」。〔註25〕

朱氏此段話非常重要，裏面透露出許多思想。首先我們從中可以知道，朱子的格物就是即物而窮理。他認爲天下之物，莫不有理，且「物我一理，

〔註24〕唐君毅，「陽明學與朱子學」，見於《陽明學論文集》，頁52。
〔註25〕朱熹，《大學章句》，格物補傳。

緣明彼，即曉此。一草一木皆有理，不可不察」。所以一方面是凡天下物理，莫不因其已知之理而益窮之，一方面理既不分彼此內外，窮理之極致自能豁然貫通，達到吾心全體大用皆明的境界。現在我們首先要探討的是：所謂「吾心全體大用皆明」指的是什麼呢？是一種心知的極致境界或是德行上的圓滿功成？按朱子本人的解釋，基本上應是指前者。朱子說：「格物只是就事上理會，知至便是此心透徹」，〔註26〕又說：「格物是物物上窮其至理，致知是吾心無所不知」。〔註27〕從「吾心無所不知」一句，便知道朱子講的並不是德性上事。當然，我們不能據此說朱子不尊德性，相反的，朱子講窮理正是他為達到德性上圓滿而有的一段工夫。所以他會說：「若只泛窮天下之理，不務切己，即是遺書所謂遊騎無所歸矣」。〔註28〕可見窮理仍以切己為要。而重視「切己」正是朱子重德性的表現。不過，再回到我們對格物致知的疑問解答，仍可以肯定朱子講的致知，乃是「知」方面的大明，而非「行」的境界。這一點正是後來陽明所以批評朱子的「將知行分為兩截事」的緣因。

窮理既所以明心，而窮理又可不分內外，那麼朱子對窮理之方有何具體指示呢？在大學或問中朱子提到「用力之方，或考之事為之著，或察之念慮之微，或求之文字之中，或索之講論之際。使於身心性情之德，人倫日用之常，以至天地鬼神之變，鳥獸草木之宜，自其一物之中，莫不有以見其所當然而不容已，與其所以然而不可易者。必其表裏精粗，無所不盡，而又益推其類以通之。」

從上段朱子話語中，朱子說明了「窮理」可以在生活各層次中進行，而且窮理之最高境界必須是「表裏精粗，無所不盡」。由此看來朱子的致知似是不可能。蓋天下事理無有窮盡，而人生畢竟有限，以有限之生命欲捕捉無限之事理，豈不是永無成就之時？可是朱子卻別有想法，他認為致知的可能在於積漸多時後的豁然貫通。如何豁然貫通此處暫不討論，先就積漸多時來看，就可以知道朱子並不是要人窮盡事理。他在別處也說過：「自一身之中，以至萬物之理，多多理會」以及「非窮盡天下之理，亦非止窮得一理，但須多積累」。〔註29〕由此可知通透事理並不必然需要要窮盡事理，人要努力不懈便自

〔註26〕《朱子語類》，卷十五。
〔註27〕同上註。
〔註28〕《語類》卷十八。
〔註29〕朱子大學或問。

能「一旦豁然貫通」。

朱子窮理不分內外，然仍以明心爲大本。只是他認爲合內外之道即是明心之道。對於這個想法我們已說過明心若是指知的無所不明，是可以說的通。但若指行的圓滿則不可。很多人誤朱子之窮理爲根本工夫，於是以爲朱子求理於外，實則朱子的窮理是反諸本心，以吾心作根本的。朱子曾說：「若聖門所謂心，則天序、天秩、天命、天討、惻隱、善惡、是非、辭讓，莫不該備，而無心外之法……而今之爲此道者，反謂此心之外，別有大本；爲仁之外，別有盡性至命之方；竊恐非惟孤負聖賢立言垂後之意，平生承師問道之心，竊恐此說流行，反爲異學所攻，重爲吾道之累」。〔註30〕由此可見朱子的工夫仍是在心上用工夫，而吾心仍是窮理之根本。

2. 從中庸已發未發論涵養居敬

依朱子意，性理爲心所涵，其未呈現於知情意中是爲未發；而已呈現流行則是已發。未發時之明心即前段所謂窮理，然而窮理如之何有所本而不若遊騎無歸？並且窮理明心後，如何將已知者呈現於已發？這其間便牽涉朱子涵養居敬之說。先就未發來說，朱子認爲窮理須歸本，歸本之方即在於「使人默識此心之靈，而存之於端莊敬一之中，以爲窮理之本」。〔註31〕端莊敬一是一種居敬工夫，有人說朱子此一工夫是由外而內整齊莊敬的小學工夫。我們認爲這點端視學者如何領會朱學而定。朱子自己說過：「心肅而容莊」以答客問：「色容莊，持久甚難」之疑。〔註32〕由此可見學者若不能在心上掌握「敬」的工夫，自然要視朱子工夫爲外在，而爲朱子之道累。對於我們來說，朱子的端莊敬一，不但不是小學，而且正是中庸所謂的「慎獨」與「戒愼恐懼」。

朱子在未發時講居敬，然而如何使心所明之理呈用於已發呢？這就談到了誠意的工夫。在朱子，「知性理」是一回事，好善惡惡的情意則是另一回事，如之何將性理中之是非善惡貫澈於情意中，便是所謂誠意。當然，在我們的生活上來講，誠意並不能說是窮理之後的工夫，因爲這二層工夫即使在義理次第上可以分說，在具體人生上卻是交互爲用的。其次，誠意也不是朱子的最後工夫，蓋人非聖賢，我們已發之情意、行事，並不見得都能順合天理。故在已發後，仍須不泯良知的「自妨」之功，以自省功過，好其善而去其過。

〔註30〕《朱子文集》，卷三十，答張欽夫。
〔註31〕同註29。
〔註32〕《朱子語類輯略》，卷五，頁 165，商務印行。

總而言之，朱熹論工夫，以窮理爲明心之方，貫串以居敬端莊之功，並時時涵養省察，如此達到身修內聖的境界，並從而展開人文化成的外王途徑。程子所謂：「涵養須用敬，進學在致知」，正是朱熹工夫之血脈。

（二）陽明一以貫之的致良知

致良知是陽明徹上徹下的圓教工夫。他在龍場一悟，發現吾心本體，自有天理，不假外求。自此之後便指出良知二字，以致吾人良知於事事物物爲一生工夫所在。他曾論孔子與子貢之「一以貫之」如下：「夫子謂子貢曰：『賜也，汝以予爲多學而識之者歟？非也。予一以貫之』。使誠在於多學而識，則夫子胡乃謬爲是說以欺子貢者邪？一以貫之，非致其良知而何？」……上述引言最後之反問句中，陽明以致良知釋孔子的一以貫之。這一詮釋爲孔子思想來說，非常貼切且更創新意；就陽明而言則也是一種印證。印證天理不假外求，學聖工夫不需支離多識，只需就著良知作實地工夫，便是自然簡易之道。

誠如上述，陽明的致良知是一種「一以貫之」的工夫。我們前面亦提到陽明將朱子的工夫次第打併歸一。現在我們先以《傳習錄》中一段對話來作論列的基礎，以說明朱學所分者何，以及王學如何將之打併歸一。這段對話載於《傳習錄》上卷，是梁日孚就教於陽明之對答片段。在這片段中梁生之言雖不能說完全代表朱學，然而其中若干思想，確能表徵出朱王爭執所在。前節論朱子工夫時，曾分窮理與居敬二小節討論。此處梁生與陽明之對話亦正是由此處之異同展開：〔註33〕

1. 從居敬窮理為一事以言主一

梁日孚問：「居敬窮理是兩事，先生以爲一事何如？」

先生曰：「天地間只有此一事，安有兩事？若論萬殊，禮儀三百，威儀三千，又何止兩？公且道居敬是如何？窮理是如何？」

在這一段對話之開頭，吾人便見雙方論理角度之不同。梁生分說居敬與窮理，陽明則以爲兩者不須分說。若眞要分說，那又豈只分成兩事？其實就梁生而言，分說是有根據的。居敬與窮理不惟在語言上指涉不同對象，即就義理來看，也確是不同層面的事物。那麼陽明何以不同意梁生看法呢？我們認爲陽明應該不是在語言及義理層次上反對居敬窮理之爲二，他說的「若論

〔註33〕同註1，頁137。

萬殊，又何止兩」正顯示在義理上他了解它們的殊別。只是在他看來，僅了解其義理之殊別而不知道它們在實踐上的整合，恐怕只是爲人不爲己的空論。於是他反問梁生，究竟他所謂的居敬或窮理是什麼？在它們的實踐上難道仍是截然二事？

梁生答曰：「居敬是存養工夫，窮理是窮事物之理。」

陽明問曰：「存養箇甚？」

梁生曰：「是存著此心之天理。」

陽明：「如此亦只是窮理矣。且道如何窮事物之理？」

梁生曰：「如事親，便要求孝之理；事君，便要窮忠之理。」

陽明曰：「忠與孝之理，在君親身上？在自己心上？若在自己心上，亦只是窮此心之理矣。且道如何是敬？」

梁生曰：「只是主一。」

陽明曰：「如何是主一？」

梁生曰：「如讀書便一心在讀書上；接事，便一心在接事上。」

陽明曰：「如此則飲酒便一心在飲酒上，好色便一心在好色上，卻是逐物，成甚居敬工夫？」

曰孚請問……

梁生請問主一之後的陽明答語，我們下面再引，現在先就這一部份對話來論陽明的思想。

梁生對居敬窮理的解釋甚合朱子看法，對於這樣的解釋，陽明在一連串的反問與回答中，便透露出其思想不同於朱子處。首先，陽明指出：居敬與窮理何以是一事。按梁生說法，居敬是存養此心之天理，而窮理是窮事物之理。陽明則認爲窮事物之理不能在事物上求，而仍須在心上窮此心之理，故窮理仍通於居敬之在心上存養天理。此是由窮理說到居敬。另外，陽明亦從居敬之另一義說起，以論居敬之通於窮理。陽明引梁生言何謂居敬？梁生以主一回答。而梁生再論何謂主一時，由於不能契入要點，便落得個以逐物爲主一。陽明認爲主一不是逐事物而專一，卻是專一於天理以應事物。天理自在人心，如此則居敬主一又成了在吾心上窮致天理用工夫，因此居敬亦通於窮理。這裏我們要說明兩點，作爲對此段話之反省。首先，陽明的「窮理」與朱子或梁生的窮理是同詞異義的，故他能以窮理含居敬之義。當梁生說居敬是存養天理時，陽明亦以此爲窮理，故陽明之窮理與專就知上面講窮理者

大不相同。在《傳習錄》另一處對話中，陽明曾清楚地說他的窮理是兼含格致誠正之義的。他說：「今偏舉格物而遂謂之窮理，此所以專以窮理屬知，而謂格物未嘗有行。非惟不得格物之旨，並窮理之義而失之矣」。〔註34〕由這段話我們便清楚知道陽明的窮理不同於梁生或朱子，無怪乎兩者對窮理與居敬的分合與否，所論不同。至於何者的窮理正確？這只能說是各有異趣，必須在他們各自的思想系統中才能定位，不能孤立出來論斷是非。

第二點說明是對陽明將「窮事物之理」視作「窮心中之理」的反省。窮事物之理並不等同於窮心中之理，這二者有許多極細緻之分別，不可不察。我們在第一部份論心與理時，曾從存有、價值與認識三方面對此一觀念作過討論，此處不擬重複。這裏只想拈出：何以陽明與梁生的對話中，陽明能由窮事物之理說到窮此心之理而令人無疑。

第一部份論心與理的討論中已經提過：理有事實之理、有價值之理。這兩種層次的理，其存有狀態大不相同。前者是實然的，存在於各個事物中；後者則是應該的，不存在於事物本身，而以某種理想和諧作基礎。這兩種理都能被人認知而另以認識之理的方式存在於人心中。此認識之理就實然之事理言，它是以實然事物之存有之理作基礎。總不致有人說竹子所以爲竹子的道理是吾人心中之理。不過，我們仍可以說，能被吾人知道的竹子之爲竹子的道理，必須是透過吾心而認知的道理。其次，就價值之理而言，情形更複雜些。價值之理是應然之理，故本來就不可能以任何實然的存有方式存在於事物中。價值之理之所以能算是一種存在的實理，乃是因爲它是由兩方面和合而成。首先它來自生命之道德衝力及由之而有的道德自覺，此外它也來自吾人主體與其它主體（或宇宙萬物）之某種應然和諧。這一應然和諧是客觀的，故成爲價值之理的存有性基礎；同時它也必須是自覺的，只有透過道德自覺才能彰顯它的存在。然而正由於價值之理只能透過吾人之良知自覺才能實現，故人們在論價值之理時，每每以爲良知只是此心之理。

現在再回到我們所欲說明之本題。陽明何以能由「窮事物之理」說到「窮此心之理」呢？我們由他詢問梁生如何窮事物之理一節中梁生之回答便知道：梁生所舉孝親與事君二事來作窮理之說明，事實上只涵蓋了價值之理的領域。以此作窮理之舉例，不僅窄化了窮理之原義；而且正好予陽明機會將窮理講成窮此心之理。蓋在陽明與一般學者心中，價值之理本就被視爲是此

〔註34〕同註1，答顧東橋書，頁177。

心之理。如此則當陽明再將誠正之義放到窮理上來講時，窮理就成了在此心窮致天理、存養天理的居敬了。實則在朱子意，窮理恐怕不能如此快地推到心上講。以我們前面的討論來說，窮理可以說是不分實然事理或價值天理地將此二者之存有之理納入吾心之中，使成為此心之理。這樣的一種由存有而認知的窮致納入過程，是朱子所謂的窮理，它與存養操持的居敬工夫是不同的兩回事，不能囫圇籠統地合說。

以上所論，旨在說明陽明將窮理說成居敬確實有其義理含混處。然而陽明所欲表達者也另有義理之外的深意。因為朱熹雖分說清晰，然而若在工夫實踐上亦將之分為二截工夫，則易有支離而不落實之虞。蓋居敬是在何處居敬呢？難道能在窮理之外居敬？抑或窮理之時不必有敬；反過來論窮理亦然。陽明正是發現居敬窮理在工夫上必須是一的。以下引用陽明回答梁生請問主一之片段說明之。陽明說：「一者，天理。主一是一心在天理上，若只知主一，不知一即是理，有事時便是逐物，無事時便是著空。惟其有事無事，一心皆在天理上用功，所以居敬亦即是窮理。就窮理專一處說，便謂之居敬；就居敬精密處說，便謂之窮理。卻不是居敬了，別有箇心窮理，窮理時，別有箇心居敬。名雖不同，功夫只是一事」。〔註35〕

2. 從主一言致良知之一以貫之

陽明學是精一之學。他論敬時強調主一。主一者專一於天理上用功之謂。這一思想之延伸，便是他有名的致良知。致良知是陽明之圓教，無論我們從大學之格致誠正修或中庸之未發、已發、慎獨之說來談工夫，陽明都可以以致良知一語貫串言之。以下分由大學、中庸之進路來闡明陽明的良知教。

（1）從格致誠正修論大學工夫

陽明是一極重實學的人，早年出入許多門派，就是因為在內心均不能得到實在的肯定所致。他在習朱子格物之教時，曾在實地上下功夫。他說：「眾人只說格物要依晦翁，何曾把他的說去用？我著實曾用來。」〔註36〕後來陽明格竹七日致疾，首先是嘆聖賢做不得，然後夷中三年，乃知「天下之物，本無可格者。其格物之功，只在身心上做」，〔註37〕如此便提出他的良知教來。今日反觀此段曲折，可以說陽明之格竹乃非善學朱子者。因此他後來所謂：「天

〔註35〕同註33。
〔註36〕同註1，黃以方錄，頁370。
〔註37〕同註36。

下之物本無可格者」亦多有可商榷處。現在我們先不評論它而直接轉入陽明論格致誠正修的系統中。

陽明論大學格致工夫最精彩的文章，當屬大學問一文。錢德洪曾說：「大學問者，師門之教典也，學者初及門，必先以此意授」。〔註38〕此處的討論就以大學問爲藍本，旁及於《傳習錄》中相關片段。

前面提到陽明是一極重實學的人，這樣的態度在大學問中，展現爲一種精一求實的工夫。什麼是精一求實的工夫呢？簡單一句話講就是一心一意實實在在地重視工夫的實踐。其實這本來應該是任何論學工夫都具備的態度精神。然而許多學者（可能包含朱子）在論工夫時，學術興味太濃，故較重工夫各側面義理之推敲，於是分殊有餘，整合不足。陽明則不然，陽明重的就是整合之踐履，故他在論工夫時，總能至其實處。我們以大學問中明德親民之論爲例來說明陽明之重實地工夫。陽明在大學問中，首先分別解說「明明德」與「親民」之意，然後說明二者在實踐上是二而一的不可分別。陽明釋明明德之言可以說與朱子相同。明明德即「去私欲之蔽，復其天地萬物一體之本然」之意。「親民」之說，陽明與朱子異。陽明按照「親」之原字解說，故視親民爲「親近人乃至天地萬物而實與之爲一體」。朱子則以新釋親，闡其意爲：「新者，革其舊之謂也。言既自明其『明德』，又當推以及人，使之亦有以去其舊染之污也」。〔註39〕朱王在此處之歧異究竟誰是誰非，不能僅憑此片段而驟論之。不過很明顯的，在朱子意則明明德與親民爲兩事，且有前後次第。親民似是明明德之後的推己工夫。在陽明則「明明德必在於親民，而親民乃所以明其明德也」。兩者之不可分，正是由於明明德所要求的復天地萬物同一體，不能只停留在思想之內，而必須具體的將仁心發用出來。若不發用，就談不上什麼萬物同體；而一旦發用，它不發於親民又能發於何處而不落空呢？

從上例中，我們知道陽明之所以實學，就在於他不憑空講工夫。拿現代白話來說，陽明告訴我們要做好人，就不能只關在屋子裏幻想自己是好人，好人是必須做出來的，必須以好心接近別人，然後才成爲好人。若有人說我們自己先成爲好人，再以好心去幫助別人。陽明會詫異於這說法。因爲在我們尚未以好心去幫助別人以前，如何能稱作好人呢？

〔註38〕《王陽明文集》，卷六雜著，大學問。
〔註39〕朱註大學，見首章經之親民註。

　　本於作實地工夫的態度，陽明是怎樣看「格物、致知、誠意、正心、修身」的大學之教？首先陽明說：「蓋身心意知物者，是其工夫所用之條理；雖亦各有其所，而其實只是一物。格致誠正修者，是其條理所用之工夫，雖亦皆有其名，而其實只是一事」。〔註40〕陽明視大學之工夫次第及其用力之對象爲一事一物，並不是他在義理上混同雜一。純就「理」而言，身心意知物，各有所指，自然不能混淆。陽明此處如此說，正是陽明學之精一實在處。惟其實在，故能從如何踐履之大關鍵立論，而將之視爲一事一物。

　　現在的問題就是：爲何諸工夫、條理之合併歸一是踐履的實地工夫？這個問題的答案仍見諸大學問一文，此外《傳習錄》卷下黃以方錄之第三一七條，亦有貼切之說明。以下我們分採兩處之論述來討論：

　　陽明認爲從修身往回推溯直到誠意，工夫始有著落處。而誠意的工夫又必須至格物才「實有下手處」。〔註41〕此處就以誠意爲樞紐，分論其間各關節以明工夫所以必須歸一之理。

　　如何說「修身、正心、誠意」惟誠意乃工夫之著落處？首先陽明認爲所謂身是指耳目口鼻四肢，而修身便是要「目非禮勿視，耳非禮勿聽，口非禮勿言，四肢非禮勿動」。然而身並不是其本身之主宰，故修身並不能在耳目四肢上言用功處。身之主宰是什麼呢？簡單一句話，就是心。「心者，身之靈明主宰之謂」。故耳目口鼻四肢雖能視聽言動，但所以視聽言動者心也。故陽明說：「欲修身，在於體當自家心體，常令廓然大公，無有些子不正處……此便是修身在正其心」。〔註42〕由此我們知道修身的意義雖不同於正心，但是由於修身本身並無工夫著落處，故吾人必須在正心上下工夫。可是陽明認爲正心仍不算是工夫之著落處，若論工夫之著落處尚必須歸到誠意上說。

　　何以正心工夫之著落處在誠意呢？陽明認爲心之本體即至善之良知，既言心之本體爲至善，那麼何得不正而須有以正之？所以正心不能是在心之本體上用工夫，而須在心之發動處著力。陽明說：「故欲正其心者，必就其意念之所發而正之，凡其發一念而善也，好之眞如好好色，發一念而惡也，惡之眞如惡惡臭，則意無不誠，而心可正矣」。〔註43〕至此，我們便能了解何以從

〔註40〕同註38。
〔註41〕同註1，頁368～369。
〔註42〕同註41。
〔註43〕同註38，大學問。

修身至誠意，只有誠意才是工夫之著落處。

接下來我們要討論「誠意、致知、格物」之一貫性及陽明何以言格物為工夫之實下手處。陽明說：「誠意之本在於致知也。所謂『人雖不知而己所獨知者』，此正是吾心良知處」。〔註44〕我們由此知道陽明此處所謂的「知」，是指良知言。如此則致知的意義就成了致吾心之良知，而不同於朱子謂：「致，推極也；知，猶識也；推極吾之知識，欲其所知無不盡也」。〔註45〕朱王對「致知」的不同詮釋，對他們各自的工夫系統有極大之影響。就向上推溯而言，不同的致知便有不同的格物；就向下連於誠意部份來說，陽明的致知是直接通於誠意，朱子的致知恐怕就不是如此直接了。

何以說陽明的致知直接通於誠意呢？因為所謂誠意就是指心中所發之意念，其善者誠有以好之；其惡者則誠有以惡之。另外就良知來講，它對於意念所發之善惡曲直，本來就是無所不知，並且它對於所知之善惡，亦本來就有一自好自惡的情意。然而對於良知所本有的好善惡惡情意若不能持守以致之，那麼意念就不能誠於好善惡惡而不得謂之誠意。所以欲誠意者，必使良知之所知及所好惡有以致之方可，這就是為何陽明認為誠意在於致知，而視誠意致知是二而一且直接相貫通者。

反觀朱子則不然，朱子的致知是窮盡事理的狀態。這一狀態是透過窮理積漸，用功日久後之豁然貫通而來。這樣的貫通雖是吾心全體大用無不明，然而與誠意如何相干？難怪陽明會說：「先去窮格事物之理，即茫茫蕩蕩，都無著落處，須用添箇敬字，方才牽扯得向身心上來」。〔註46〕此處暫不評論個中是非，直接進入對陽明格物致知之討論。

陽明認為誠意之本在於致知，而致知不能憑空用功。他說：「欲致其良知，亦豈影響恍惚，而懸空無實之謂乎？是必實有其事矣」。〔註47〕這就是說做人講良心是必須在實際生活上講，若實際生活中不按良心行事，那麼就是自昧良心。所以良心之致，必需在於事事物物上復理而反正，才可以稱得上知致。這裏所謂「於事事物物上復理反正」，就是陽明所以訓格物之義。陽明說：「意所在之事謂之物；格者，正也，正其不正以歸於正之謂也」。〔註48〕所以陽明

〔註44〕同註41。
〔註45〕朱註大學章句，見首章經之致知註。
〔註46〕同註1，薛侃錄，頁154。
〔註47〕同註38，大學問。
〔註48〕同註38。

之格物正是在實事上致知，而致知正所以誠意，故說「誠意工夫實下手處在格物也」。在大學問中有一段話正足以將格致誠之一貫性予以鋪陳，我們此處亦引之以爲本段大學工夫之結論：「今焉，於其良知所知之善者，即其意之所在之物而實爲之（格物），無有乎不盡；於其良知所知之惡者，即其意之所在之物，而實去之，無有乎不盡；然後物無不格，而吾良知之所知者，無有虧缺障蔽，而得以極其至矣（致知）。夫然後吾心快然，無復餘憾，而自謙矣；夫然後意之所發者，始無自欺，而可以謂之誠矣（誠意）」。〔註49〕

（2）從中庸工夫言格物致知

　　朱子由中庸進路論工夫時，對未發、已發之用功次第有詳密之分析。宋儒論學亦大都喜論動靜之際、體用之間。陽明雖曾說：「朱子未發之說，亦非苟矣」，然而分論已發、未發，終非陽明所契。這一點固可以說是由於陽明重精一之學所致。然而何以陽明重精一之學？又何以他論工夫喜貫串動靜，打通已未發而論？這些問題的討論，都是了解陽明思想所以然所必須的。

　　有人問陽明有關未發已發之事，陽明說：「只緣後儒將未發已發說了，只得劈頭說箇無未發已發，使人自思得之。若說有箇已發未發，聽者依舊落在後儒見解。若眞見得無未發已發，說箇有未發已發，原不妨。原有箇未發已發在」。〔註50〕這段話讀來稍嫌模糊，似乎陽明兜個圈子把已發未發說得似有似無。不過用心體會，自思確實能夠得之。案朱子對未發已發之詮釋，未發是說性理未呈用於現下之知情意中，而只存於心之本體內；已發則是指性理呈用於知情意。這樣的分解在說理上是可以講的通，然而放在具體的生活上，就稍嫌生硬剝離。蓋生活是一整合而動態之全體。言其整合就是說知情意之發與未發常是在一起的。從某個側面看，它是已發，就另外的一面來講它是未發，若硬要分做兩事來看，那麼所得者已不是心之全體實相。言其爲動態就是說「至誠無息」，吾心是體用合一，它常發用亦常不發用，它的已發在未發中湧現，而未發者亦在已發中寂然不動。所以陽明不把已發未發說成截然可分，正是因爲吾心動態而無息之全體，不是任何語言論說能夠明白道盡。再者，即使能夠說得清楚，並由此建構清晰之工夫次第，其對於具體而簡易的生命流行有多少價值，亦令人有所質疑。

　　準此，陽明不僅在發用與否上不喜分說，即在一般學者常論之動靜體用

〔註49〕同註38。
〔註50〕同註1，頁352，黃省曾錄。

上，他也不喜分論其各自異同及相應之功夫。在他看來分論義理只是「知解口耳之異同」，並且就工夫來看也容易流於偏頗之弊。好比有人專講求靜中功夫，於是就有不能應事之弊或有枯槁之病；而另有人一講求動中工夫，便又覺得良知照管不及。這些或執於靜或偏於動的毛病都是由於只從工夫之分截處下手所致，故陽明便針對各自之病處予以整合貫串之。例如前者的情形，有人問說：「靜時亦覺意思好，才遇事，便不同，如何」？陽明便答說：「是徒知養靜，而不用克己工夫也。如此臨事便有傾倒。人須在事上磨，方立得住，方能靜亦定，動亦定」。〔註51〕再如後者的狀況，有人重視動中工夫，在事上磨練，反覺良知照管不及。陽明便說：「此只良知未真，尚有內外之間。我這裏功夫不由人急心。認得良知頭腦是當，去樸實用功，自會透徹。到此便是內外兩忘，又何心事不合一」。〔註52〕

由上述陽明論動靜之偏頗之答語，我們見到他用「定」及「良知」二詞來做其貫串之工夫。其實所謂定就是「主一」，就是定於良知。良知是「未發之中，無前後內外，而渾然一體者」，故只須在良知上用功，便能自然透徹。如此便拈出陽明論大學時的致良知，陽明以為「致知之功，無間於有事無事，而豈論於病之已發未發邪」？〔註53〕故不論已發未發，有事無事，若吾人時時刻刻在良知上致知，那麼良知在已發有事之動時，自能知之而好其善、惡其不善；在未發無事之靜時，亦自知妨其惡念之起。如此則不需如朱子講已發之省察克治及未發之涵養居敬，而只需以一「致良知」便能作為動靜相涵之整合工夫。

（三）綜論朱王工夫論異同

前二節分論朱王工夫時，行文間已對朱王各自之論學特色，作了部份異同比較的工作。現在再就朱王異趣之犖犖大者加以論列，並就其中各論點加上本文之反省。

在論朱王異趣之前，我們先對二者思想之同處加以討論，如此可使吾人對其所以異者有更深之了解。前面已說過朱王論工夫都是在心上論，這一點仍值得強調。陽明致知與朱子居敬窮理都是在心上明善之工夫。其它如對於讀書明理，陽明說過：「學者看書，只要歸到自己身心上用」，〔註54〕朱熹

〔註51〕同註1，頁62，陸澄錄。
〔註52〕同註1，頁324，黃省曾錄。
〔註53〕同註1，頁237，答陸厚靜書。
〔註54〕同註1，頁398，傳習錄拾遺。

也說：「大凡人須是存得此心，此心既存，則雖不讀書，亦有一個長進處」。〔註55〕語雖不同，但由此可知朱王均以心爲工夫樞紐。

此外，在心上講工夫的工夫內涵，朱王亦多有相似處。朱子講未發而不睹不聞中之居敬工夫與「由謹獨而至應物時之省察克治」，析理精闢深刻。陽明雖只拈出一致良知來，然而論心上之精審細察亦不比朱熹遜色。例如陽明曾論學聖工夫說：「省察克治之功，則無時而可間。如去盜賊，須有箇掃除廓清之意。無事時，將好色好貨好名等私，逐一追究搜尋出來，定要拔去病根，永不復起，方始爲快。常如貓之捕鼠，一眼看著，一耳聽著，才有一念萌動，即與克去，斬釘截鐵，不可姑容與他方便；不可窩藏，不可放他出路，方是眞實用功」。〔註56〕這段話初見之下，幾令人難以分辨是朱熹之言或陽明之語。

朱王工夫之異趣，最主要可以從朱子之分明與陽明之精一來玩味。這一點可以由前節中朱王二賢對大學、中庸不同之思想詮釋見之。例如在大學，朱子視三綱八目有一始終本末之次第。陽明則不然，陽明認爲工夫只是致良知一事。義理各所不同，然而用功的實處只在於致良知。

究竟精一與分明只是朱王各自之論學特色而不必言弊，抑或其中仍有可論得失處？我們認爲其中仍是可論得失的。尤其是朱子的工夫論。朱子的工夫強調始終本末之分，在義理上固無不可，然而在具體實踐上若本末分截爲二事，那麼工夫就無落實處。例如前面討論過的明明德與親民之體用不可分，正是此意。爲此陽明亦曾批評朱學說：「先儒之說，是蓋不知明德親民本爲一事，而認以爲兩事，是以雖知本末之當爲一物，而亦不得不分爲兩物也」。〔註57〕

此外，朱王都視吾心本體爲天理之靈覺處，此孟子所謂「萬物皆備於我」之意。然而朱王兩派學者卻對彼此之求理有向外向內之疑。陽明視朱子爲求理於外，朱子後學則視陽明「專求本心，遂遺物理」。雙方雖各有辯解，然而常是各說各話，令人不知所從。是以對於朱王二賢之求理於內或於外，亦宜有一分析。

朱子本人對於別人質疑他的窮理是求之於外作過一些辯論，大意即理是合內外的，故由外物求理並無不可。是以朱子格物就是即天下之物莫不須格。然而我們可以反問他：什麼是理合內外呢？並且是否因爲理合內外吾人就可

〔註55〕《朱子語類輯略》，卷五，頁166。
〔註56〕同註1，頁75，陸澄錄。
〔註57〕《王陽明文集》，卷六雜著，大學問。

以窮格物理以達內聖之功？我們認為理合內外是說的過去，因為正理流行天地間，本來就無一處間隔。但是這一點並不能保證窮格物理，亦能使人操存心中天理以至聖境。當然，許多有豐富知識的人，例如近代許多偉大科學家，他們對宇宙物理有某種造境之後，能回過頭來對於天人一體之人生大道有某種體悟。然而亦有不少人只專研知識口耳之學，成了功利唯物之徒而遂遺其本心。所以朱子以理合內外為由，思窮極天下之理以求內聖之境，恐怕未必合理。更何況天理無涯，吾身有涯，以有涯之身欲窮無涯之理，正是伊川所講的游騎無歸矣！

陽明求理於心，講致良知。有人疑其遂遺物理，他亦以理不分內外答之。不過陽明此處講的理無內外，不同於朱子者。陽明的意思是內外相合之道，在內求者正是外理之宜。例如致良知，它並不是空空地在內致良知，而是在事事物物上實地致良知。是以當有一訟官就教於陽明說：「此學甚好，只是簿書訟獄繁難，不得為學」，陽明答說：「我何嘗教爾離了簿書訟獄，懸空去講學？爾既有官司之事，便從官司的事上為學，纔是真格物。……簿書訟獄之間，無非實學，若離了事物為學，卻是著空」。〔註58〕由此我們知道陽明並非不講求外物之理，只是他是按著良心來講求，而且他認為致良心於事物之理正是合內外的實地工夫，這一工夫為實際之生活最為迫切。當然，由於陽明心心念念於良知之實地工夫，因此對於如何處物之義等客觀各諧之理確實較忽視之。至少他認為是極簡單而不如致良知之難得。例如他曾說：「若只是溫情之節，奉養之宜，可一日二日講之而盡，用得甚學問思辯？」。〔註59〕這一點若只放在溫情奉養之節大致說得過去，然而若用於經世濟民等外聖事業上來說，稍不留意，未能真知陽明在實事上致良知之旨，便容易忽外理而只求良心平安而猶以為自得了。

最後，關於朱王二人對大學工夫之前半段：格致誠正修之不同詮釋，亦有一二語可說。按朱子之意，格物致知是窮理以盡天下之知，如此之格致與誠正修之間確實有一間隙無以貫通，需在致知與誠意間以一「敬」字補充之。這一點我們已提過陽明之批評。就陽明來講，致良心之知於已發之情意中，正是他所謂的誠意，亦即他所謂之致知。故明的格致與誠正修之間，不需另添敬字，便自是一貫通而徹上下之工夫。

〔註58〕同註1，頁297，陳九川錄。
〔註59〕同註1，頁32，答鄭朝朔問。

三、陽明的知行合一教

　　陽明的致良知無論就工夫義而言或境界義來說，都是知行合一的另一種說法。近人解知行合一，多視之爲一種勉人之語，亦即鼓勵人要即知即行。這種解法只算是對知行合一的粗解。以下我們從存有、工夫及境界三方面來討論陽明的知行合一。

（一）從存有本體上論知行合一

　　顧東橋曾質問陽明：「若眞謂行即是知，恐其專求本心，遂遺物理，必有闇而不達之處，抑豈聖門知行並進之成法哉」？〔註60〕在這段質疑之中，顧東橋以爲陽明的知行合一是說「行即是知」，我們認爲陽明恐不致如此浮淺而不分知行在本體上之不同。就本體上來講，陽明從沒有視知爲行的思想，不然他說：「知者行之始，行者知之成」就沒有什麼意義。知所以爲知，行所以爲行，自有其本體上之不同指涉。那麼此處所謂本體上的知行合一是什麼？這裏所指的主要是知與行在存有上的互相依存。對於這一點的闡述，我們從陽明傳習錄中可以歸納出兩種說法。第一種說法是陽明從知中有行來說知行之合一，陽明在答徐愛問知行合一時說：「大學指箇眞知行與人看，說『如好如好』，『好惡惡臭』。見好色屬知，好好色屬行，只見那好時，已自好了，不是見了後，又立箇心去好。聞惡臭屬知，惡惡臭屬行。只聞那惡臭時，已自惡了，不是聞了後，別立箇心去惡」。〔註61〕這段話就是說吾人的行常伴隨知而自發之。知行在本體上雖是二，但卻是合一的。陽明認爲此一合一不僅在感官上如此，即令在良知之發用上亦是如此。他說：「是非只是好惡」，就是說良知認出是非善惡後，並不需另立一心去好善惡惡，在它的知善知惡中便自有好善惡惡了。知善知惡是良知的知，好善好惡就是良知的行，故就良知之發用來看，知行在存有上亦是經常合一的。

　　第二種說法是從行中有知來說知行合一。這一思想爲西方的認識論來說並不陌生，因爲這裏的行中有知，就是指在行動中常有的「伴隨意識」而言，伴隨意識在認識論上可以是指意識上或潛意識上的知覺作用。陽明論「行中有知」時並沒有再作如此細分，他只是很直截的說明：吾人在行動中自有一知覺以察知行動本身及其它相關經驗。我們的舉例引自陽明答顧東橋的質

〔註60〕同註1，頁166，答顧東橋書。
〔註61〕同註1，頁33，徐愛錄。

疑。顧東橋以為知行合一仍須論知行先後之別，如「知食乃食，知路乃行」，便是知行分明有一先後次第之例證。陽明針對顧之疑難而說：「夫人必有欲食之心，然後知食。欲食之心即是意，即是行之始矣。食味之美惡，必待入口而後知。豈有不待入口，而已先知食味之美惡者邪？必有欲行之心，然後知路，欲行之心即是意，即是行之始矣。路歧之險夷，必待親身履歷而後知，豈有不待身親履歷而已先知路歧之險夷者邪？」〔註62〕陽明之回答是否充分解決顧東橋之問題不無可疑，不過此處陽明所談的「食而後知味」，正是所謂的行中有知，陽明就是透過這一點來說本體上的知行合一。

（二）從工夫上論知行合一

陽明知行合一之旨，不僅認為在存有上知行不能分開，就工夫上來說，陽明亦以為知與行不能分作兩截功夫，此就是工夫義的知行合一。涂愛曾問說：「古人說知行做兩箇，亦是要人見箇分曉，一行做知的功夫，一行做行的功夫，即功夫始有下落」，陽明對曰：「此卻失了古人宗旨也。某嘗說知是行的主意，行是知的工夫。知是行之始，行是知之成。若會得時，只說一箇知，已自有行在，只說一箇行，已自有知在」。〔註63〕陽明這段答話的要義就是說知與行是相依相涵的。沒有行不可能有真知，故求真知的工夫即在行中；同樣的，沒有知亦不可能篤行，故實踐的工夫亦在貫徹吾人之知。由上看來，在工夫論上言知行合一正是陽明「致良知」之另一種說法。陽明的致知就是在於格物，而格物是在實事上格，這就是行。故說：「行是知的工夫」。

（三）從境界上論知行合一

正如致良知是始教之工夫，亦是終教之境界。知行合一亦具有此徹上徹下之性格，故我們亦可在境界上說知行合一。徐愛有一次問知行合一，他以為許多人皆知父兄孝悌之理，卻不見得能實行孝悌，這就說明知與行是兩事。陽明回答說：「此已被私欲隔斷，不是知行的本體了。未有知而不行者，知而不行，只是未知，聖賢教人知行，正是要復那本體」。此外他又說：「如稱某人知孝，某人知弟，必是其人已曾行孝行弟，方可稱他知孝知弟。不成只是曉得說些孝弟的話，便可稱為知孝弟」。〔註64〕

〔註62〕同註1，頁165，答顧東橋書。
〔註63〕同註61。
〔註64〕同註61。

　　陽明兩段回答說明了他在境界義上的知行合一。先說後者，後者是說道德價值的眞知必須包含了行，否則不算是眞知。眞知是境界，故在理想的造境中價值之知必與價值實踐結合爲一。前者提到復本體，這一段話相當重要，因爲它是由知行之本體談到知行的境界。前面談知行的本體時曾提到知行在存有上的相依共存。既然知行在本體存有上經常合一，何以尚須復知行之本體？這一問題之提出說明了功夫存在的原因；而這個問題的解答，便說明了何以境界義之知行合一即復本體而致良知。

　　何以吾人須復知行之本體呢？這是因爲私意之間隔。原本良知於知善知惡之「知」的同時，總會伴隨好善惡惡的「行」，但是這本體上的知行合一受私意阻隔，知與行遂分開了。良知之知不能貫澈於情意以誠意，於是意所在之物亦不能得正，故須要有工夫的存在。而此工夫之實踐並不是在於另闢蹊徑，它不過在於回復良知本體上原有的知行合一，使其致極於事事物物罷了。故境界義之知行合一仍在於復知行本體而致良知。

（四）對陽明知行合一之反省並論朱子之先知後行

　　前面我們從三方面檢討了陽明知行合一的意義。此處將提出本文之評論，共由之與朱子對觀。

　　陽明知行合一的正面意義，在前面已有所討論。不過嚴格說來，這一思想並不符合想體系嚴密性的要求。正如傅偉勳先生對傳統中國哲學的批判，他認爲「中國哲學雖有豐富的思想資料，卻缺乏高層次的方法論反省工夫，因此不如西方哲學那樣，十分關注哲學思想（在問題設定上）的齊全性，（在問題解決上的）無暇性，（在解決程序上的）嚴密性，以及（在語言表現上的）明晰性」。〔註65〕陽明的知行合一正是有著這些方法論上的不足。首先我們先談他在論知行問題時，問題設定方面的不夠齊全。

　　知與行之間究竟應是如何的關係？這個問題並不容易回答。按朱王的意見，朱子提到知先行後，知與行爲二事。陽明講知行合一，他的知行合一細細看來亦有多層意義。有指「知爲行始」者，其意略同於朱子之知先行後。有指「行中有知」、「知中有行」者；也有指「行而後知」者，不過究竟知行的關係是如何呢？我們由相關學說之莫衷一是便想到前言中所謂之「正理不容有二」。換句話說，知與行的關係不可能莫衷一是。只是我們必須就不同的

────────────

〔註65〕傅偉勳，《大陸三週學術演講旅行後記》（下），收於《哲學與文化》十四卷八期，頁32。

設定條件來處理問題，而不能籠統言之。籠統言之，則每人按自己所希望之答案來反溯符合之設定條件，如此再由符合之條件來證成自己的思想，於是造成各說各話眾說紛紜的情形。事實上，知與行的關係在不同的條件設定下會有不同之呈顯，並且知與行所指涉之對象是否是同一的，亦會影響到知行的關係。故要完整而徹底的討論知行，就必須在齊全的條件設定下探討它。

例如顧東橋提到「知路乃行」。這原正極正常的一句命題。我們由甲地去乙地，自然需要先知道如何走法，往哪一條路去，才可能踏上旅途。當然，這並不是說我們需要先知道所有的行程才能上路。但即使邊走邊問路，確實亦須先知道下一段路如何走，才可能踏上前途。陽明為說明「知路乃行」的思想有問題（因為它分知行為二並視知先而行後），故回答：「必有欲行之心，然後知路。欲行之心即是意，即是行之始矣。路歧之險夷，必待身親履歷而後知」。

但由陽明的回答看來，他不但沒有正面回答東橋問題，而且略有自說自話之嫌。從他的內容來看，其問題設定之不齊全亦是顯而易見。例如前一句他說「必有欲行之心，然後知路」，其實這話是經不起檢證的，人認識一條路可以有許多原因，並不一定出於欲行之心，並且即使他以往之所以認識這條路是因為有所欲行，亦不必保證此刻當下他之知此路乃由於現在有欲行之心。再就後一句來說，路之險夷狀況當然是需要行路之後才能體會而知。然而「知路之險夷」與「知如何行路」其中知所指涉的對象已有所不同。前面固需要行而後知，然而這並不妨於後者乃「知而後行」。

論過陽明在問題設定上的不足，接下來談到他在語言表達上的缺失。這一點雖不是最嚴重的問題，但是也足以形成許多學術交談上的障礙。陽明與學者往復討論知行問題，其間部份用語的不清晰，就令人不知所從。例如前面答東橋所說之「欲行之心即是意，即是行之始」，在另一處陸澄所載之語錄中又說：「知者行之始」，那麼究竟「知是行之始」抑或「意是行之始」呢？陽明在兩處固然各有所指，然而語言表達之不精確亦使吾人在掌握其思想上，似只能大而化之的看，而不能細細琢磨。

最後，我們再提出一個對「知行合一」的反省。這一個反省具有一些理論意義，或許它能指出朱王在知行方面的不同見解，事實上是異中有同。雖各有異趣，實殊途同歸也！

陽明在本體上說知行合一之一義，是由良知之知善知惡說到良知之自能

好善惡惡。由於良知在知善知惡的同時即能好善惡惡，好善惡惡屬行，故說知行合一。但是陽明在本體上講的知行合一，仍不妨於其言工夫之致良知。因為良知本體上的自好自惡並非境界義中，致良知於事事物物的好惡。所以本體上的好惡仍可以不必貫澈於情意而發為物事。這就是朱子分知行為二事的緣由。陽明批評朱子在本體上把知行分開了。其實就本文所謂之本體義之致良知來說，朱子不可能認為良知之知以外沒有自發的好惡相伴隨，只是朱子以為私意會遮蔽良知本體上的好惡，故需要講誠意工夫。由此看來朱子的誠意並不是將本體上的知行分為兩截，相反地它正是通過於陽明致良知的復性工夫。唐君毅先生曾說陽明的致知「非如朱子之謂致知而知當然之理之後，更有一誠意之工夫」，〔註66〕我們認為並不必如此說。因為陽明的致知本就含攝了朱子的誠意工夫，故它不是不必更有誠意工夫，而是陽明超越了私意對知行的分隔，直接由致良知一語，徹上徹下地將知行之本體與最終境界予以合說了。朱子方面確實少注意到知行本體之合一，而著意於人欲對知行的分隔。故他的工夫立教是從分處走到合處地言「去人欲，存天理」，而不似陽明由合處走到復合般地圓透精一了。此外我們在論朱王工夫異同時曾提到朱雖分殊，王雖精一，其實這只是個人論學之異趣。若究其實，朱子之居敬涵養及省察克治又何嘗不是陽明的致良知。陽明固可以以致良知一以貫之地立教，然而細論工夫各節，又何嘗不需拈出省察克治與居敬主一來圓說？故朱王雖各有異趣實殊途同歸矣！

結　語

在前言中我們曾揭示本文的進路方向：比較異趣，試論得失，並釐清理論對立中可能有的混淆。從二者工夫論細密與精一的不同，我們見到各自論學之旨趣，這其中是不能以二元閉鎖的正誤得失所能盡道的，我們應以多元開放的心態來欣賞各自之異趣。不過在他們各自的論學系統中亦不是完全不能論得失。大體而言，在存有論方面，朱熹洞察透徹，陽明則略嫌籠統。尤其心即理之說，由價值層次到客觀存有都收攏到心上講，未免將存有論與認識論的範疇相混淆。工夫論方面，陽明的致良知可說是儒家心性之學的圓教，尤其他在實事上論致良知的合內外之道，更是徹上下之工夫。朱熹在這方面

〔註66〕同註24。

便未免分殊有餘而整合不足，誠讓人有難於貫通之感。

此外，兩家學說亦有許多相衝突之處。但是從本文的探討看來，朱王在心性與工夫上的思想衝突是能夠得到理論之協調的。例如心之是否有善惡的問題，朱王似有表面的對立，然而細究二賢對心定義之不同，便會發現其間對立之莫須有。又例如知行合一與否的問題，朱從私意之間隔言其分，王從本體之相依言其合，二賢出發點已有所不同，又何怪乎結論之轅轍有別？

朱王異同的探討印證了天下正理不容有二的確立。雖然沒有一家學說已臻極致，然而從各自的旨趣與不足中，反而相互映照出萬流同宗的氣象。